U0693507

高校社科文库
University Social Science Series

教育部高等学校
社会科学发展研究中心

汇集高校哲学社会科学优秀原创学术成果
搭建高校哲学社会科学学术著作出版平台
探索高校哲学社会科学专著出版的新模式
扩大高校哲学社会科学科研成果的影响力

朱洪革/著

国有林权制度改革跟踪：理论与实证研究

Tracking the National Forest Tenure Reform: Theory and Empirical Research

光明日报出版社

图书在版编目（CIP）数据

国有林权制度改革跟踪：理论与实证研究 / 朱洪革著. -- 北京：光明日报出版社，2013.1（2024.6 重印）
（高校社科文库）
ISBN 978 - 7 - 5112 - 3603 - 6

Ⅰ.①国… Ⅱ.①朱… Ⅲ.①国有林—产权—经济体制改革—研究—伊春市 Ⅳ.①F326.273.53

中国版本图书馆 CIP 数据核字（2012）第 292293 号

国有林权制度改革跟踪：理论与实证研究

GUOYOU LINQUAN ZHIDU GAIGE GENZONG：LILUN YU SHIZHENG YANJIU

著　　者：朱洪革

责任编辑：钟祥瑜　　责任校对：范瑞婷

封面设计：小宝工作室　　责任印制：曹　净

出版发行：光明日报出版社

地　　址：北京市西城区永安路 106 号，100050

电　　话：010-63169890（咨询），010-63131930（邮购）

传　　真：010-63131930

网　　址：http://book.gmw.cn

E - mail：gmrbcbs@gmw.cn

法律顾问：北京市兰台律师事务所龚柳方律师

印　　刷：三河市华东印刷有限公司

装　　订：三河市华东印刷有限公司

本书如有破损、缺页、装订错误，请与本社联系调换，电话：010-63131930

开　　本：165mm×230mm

字　　数：166 千字　　印　　张：9.25

版　　次：2013 年 1 月第 1 版　　印　　次：2024 年 6 月第 3 次印刷

书　　号：ISBN 978 - 7 - 5112 - 3603 - 6 - 01

定　　价：48.00 元

版权所有　　翻印必究

CONTENTS 目 录

绪 论

第一节 研究背景

东北、内蒙古国有林区作为我国最大的国有林区，其活立木总蓄积为26.5亿m^3，占全国活立木总蓄积量的17.8%，林地面积28.3万km^2，占全国林地面积的9.3%。该林区既是我国重要的生态功能区，又是我国重要的木材生产基地，对我国林业经济发展具有举足轻重的作用。但在人口生存需求和企业经营索取的双重压力下，林区木材产量大大超出森林资源的承载能力，导致林区人口与资源、环境冲突加剧。东北、内蒙古重点国有林区陷入可采森林资源危机、企业经济危困的“两危”困境中。

伊春是个典型的依托森林资源开发而发展起来的“林城”。开发建设60年来，伊春共为国家提供优质木材2.4亿m^3，累计上缴利税、育林基金等70亿元。伊春在为国家做出重大贡献的同时，也付出了巨大的“成本”和惨痛的代价。自20世纪80年代中后期开始，逐步陷入了“两危”境地，资源性、结构性、体制性、社会性等矛盾开始日益凸显。主要表现在以下方面：

（1）可采林木资源濒临枯竭，森林生态系统整体功能有些下降。伊春林区的森林蓄积和可采成过熟林蓄积分别由开发初期的4.28亿m^3和3.2亿m^3下降到2006年的2.19亿m^3和320万m^3，分别下降了55%和98%。优势树种和珍贵树种濒于消亡，特别是优势珍贵树种红松的蓄积量仅存428.3万m^3，比开发初期下降了93.5%。原有的天然林生态系统已支离破碎，其涵养水源、消洪补枯、防风固沙、保护土壤的功能大为降低，旱灾水患频繁发生，1998年松嫩平原和三江平原遭受的30年一遇春旱和百年一遇洪水，与此都有直接关系。尽管近10多年来特别是实施天保工程以来，通过加强资源培育、限额采伐和调减木材产量等措施，基本实现了森林面积和蓄积双增长的目标，但森林资源和森林生态系统功能的恢复还需要一个漫长的过程。

（2）林区经济建设和社会事业发展比较缺乏后劲与活力。作为计划经济最后一块阵地的国有林区，伊春仍然保持着国有的产权及其所属的经营方式，生产关系从未作过调整和改变，至今尚未真正完成向市场经济的过渡与转变，并且一直沿袭着政企合一的体制，企业办社会，大包大揽，包袱很重，而在这种体制下，政府既要抓经济、抓民生，又要管资源、管生态，关系不顺，角色错位，这不仅严重影响了政府职能转变，造成政府管理职能的缺位、越位，而且严重阻碍了各类经济主体特别是资源型企业建立和完善现代企业制度。

（3）产业结构比较失衡，独木支撑的经济前景黯淡。由于长期的计划经济影响，伊春形成了高度依赖林木资源的单一木材生产、单一林业经济、单一全民所有制的经济格局，受其影响，长期以来伊春林区的产业结构、企业结构、就业结构乃至城市形态和功能的变化十分缓慢。虽然近几年加快了改革调整步伐，但结构性矛盾仍未从根本上得到解决，传统林业经济仍然比重过大，非林和高新技术产业比重偏小，新兴接续产业规模不足，非公有制经济发展层次和水平较低，对全市经济发展难以起到支撑作用。此外，由于开发初、中期伊春林区所提供的林木产品带有明显的“公共品”支出的特征，使伊春的森工企业积累太少，而长期的企业办社会又使其不堪重负，随着资源日益枯竭、主导产业萎缩，森工战线从1989年起出现全行业亏损，截至2006年，已累计亏损5.3亿元，历史挂账32.5亿元，负债总额高达78亿元。

（4）社会不和谐、不稳定因素偏多。由于林区开发初、中期一直实行先生产、后生活的方针，在基础设施建设方面遗留了大量的历史欠账，城市基础设施和公共服务设施发展严重滞后，很多林场（所）还有大量危房急需改造，有的林场（所）至今未通上电，局址还有三分之一的居民没有吃上自来水。随着木材产量的大幅度调减，森工企业富余职工比例达42%，尚有4.9万人需要转岗安置，11.6万混岗集体职工需要一次性安置，每年还有近3万名新增劳动力需要就业。离退休人员逐年增多，仅森工企业离退休职工就达7.7万人，占全部在职职工人数的39.7%。企业的养老金缴费负担过重，许多社会保险项目需由企业缴纳，而企业目前经济状况又难以承担，资金缺口很大。职工平均工资不及黑龙江省城镇职工平均工资水平的一半，与全国城镇职工平均

工资水平相比更是相去甚远（表0.1）。

表0.1 伊春国有林区职工年平均工资比较 单位：元

年份	伊春林管局	黑龙江省	全国
2001	3792	8850	10870
2002	4066	10115	12422
2003	4188	11430	14040
2004	4414	13030	16204
2005	4782	14458	18405
2006	5360	16505	21001

注：(1) 伊春林管局林业职工年平均工资数据源于《黑龙江省森林工业综合统计资料汇编》。

(2) 城镇在岗职工年平均工资数据来源于《中华人民共和国国民经济和社会发展统计公报》和《黑龙江省国民经济和社会发展统计公报》。

事实上，为解决国有林区的“两危”，中央政府和基层的森工企业都进行了各种形式的探索。中央政府启动的天保工程是以保护天然林资源为主要目标的，但也涉及了富余职工的安置及森林管护人员的工资等内容，而这些举措在一定程度上也缓解了企业的经济危困。基层的森工企业也一直在探索着各种形式的改革。比如说，管护承包、林下经济分给个人、营林和林下经济相结合、防火责任制给予一定的奖励等等。这些各种形式的改革的共同特点就是都没有触及到体制问题，没有触及林区“两危”问题的根本和实质，因而改革的效果，特别是对林区居民生计的改善效果不明显。为此，国有林区各地方政府也提出了一些改革模式，如实行内部政企分开的清河模式、企业产权制度改革的吉林模式、森林资源管理体制改革模式以及国有林权制度改革的伊春模式①。

伊春的国有林权制度改革是在总结伊春历史上历次改革实践的经验教训基础上所形成的改革思路。2003年伊春市委、市政府把实施国有林权制度改革作为破解林区深层次矛盾的主要突破口，向国家提出了实施国有林权制度改革试点的基本设想，得到了国家林业局和黑龙江省委、省政府的支持。2004年4月，国家林业局将伊春市确定为全国唯一的国有林区林权制度改革试点单位，

① 王月华、谷振宾，当前国有林区改革模式对比与评价，林业经济，2010 (12)：10～19

原则上同意在伊春所辖的双丰、铁力、桃山、翠峦、乌马河5个具有代表性的林业局15个林场（所）中，拿出8万 hm^2 国有商品林地先行试点，对林业职工实行有偿承包经营。2006年1月4日，国务院第119次常务会议原则上通过了在伊春开展国有林权制度改革试点的意见。2006年4月29日，伊春国有林权改革试点在乌马河林业局乌马河经营所启动实施，并相继在5个试点林业局全面展开，正式拉开了中国国有林业产权制度改革的序幕。

第二节　研究的目的和意义

一、研究的目的

本文是在伊春国有林权制度改革的背景下以产权理论与制度经济学等相关经济学理论为理论基础，运用经济学的定性和定量方法对国有林权制度改革进行研究。研究目的如下：

（1）科学地评价国有林权制度改革取得的成效。国有林权制度改革涉及各利益相关主体的利益。其中，中央政府最为关心的是改革是否有利于森林资源存量和质量的提高。地方政府关注的是改革是否有利于区域经济的振兴以及社会的稳定。森工企业关注的是改革是否可以给企业减轻负担并带来经济收益。林业职工关注的是改革是否使自己收入增加并致富。其他潜在的造林大户关注的是改革是否有利于经营权的流转，从而为其将来大规模经营森林创造条件。本文将在深入分析改革的目标的基础上对改革给各利益相关主体带来的收益做出客观的评价。

（2）深入分析国有林权制度改革过程中出现的各种问题并提出有针对性的政策建议。我国对森林资源产权制度改革的一个主要特点是集体林权改革的力度大于国有林权改革的力度。通过林权制度改革可以提高造林积极性，这一点是无疑的。但是国有林毕竟还牵涉到国家生态安全、国有资产以及林区社会稳定等更为复杂的问题，所以国家这次启动的国有林权制度改革是十分谨慎的。改革的过程中不可避免地会出现各种问题，本文将通过实地调查及经济学的实证研究，总结归纳出迫切需要解决的问题，并提出政策建议。

二、研究的意义

本研究可以为国有林权制度改革的进一步开展提供决策依据。

（1）有利于全面客观评价国有林权制度改革的效果。国有林权制度的改革牵涉到各方利益，改革的成效自然成为各方关注的焦点。本研究将通过对森林资源经营、承包户的投资及收入以及森工企业效率的影响来评价改革的效果。

（2）有利于尽快发现国有林产权改革现存的问题。这次国有林权制度的试点改革在实施的过程中将会遇到各种障碍，本研究将全面分析这些障碍因素，找出影响改革顺利进行的症结所在。

（3）为有关部门关于国有林权制度改革下一步如何开展提供决策依据。改革的下一步方向无非两种：停止继续进行改革或进一步向更大的范围铺开改革。而进一步铺开改革又有两种可能：一种可能是仍然选择林农交错、浅山区相对分散、零星分布的易于分户经营的国有林在更多的林业局推行改革；另一种可能是将集中连片的、规模更大的国有商品林也划入林权改革的范围。本研究将为有关部门的决策提供依据。

第三节 文献综述

一、国外林权改革的经验教训

一般认为，稳定的林权会使拥有使用权的林主对森林经营有更大的投资意愿，导致森林资源更加可持续利用。从世界范围看，尽管林权制度改革具有其合理性，但良好的治理和监管对于实现森林可持续经营也同等重要。通过对世界林权改革经验的分析，着重讨论林权改革的一些经验教训①。

（一）产权稳定的重要性

当森林由国家经营，但却未能阻止森林的退化，在这种情况下便有了林权改革的实践。林权改革往往强调更为广泛的利益相关者的直接参与，这些利益相关者包括小农、私人部门、当地社区和原住民社区。林权改革的一个重要方面就是确保下放的权利尽可能的稳定。这意味着纳入监管框架的基本权利应当是“硬”的而不是“软”的。所谓软权利是一种无法保护的权利，比如那些在林业部门自由裁决权下可能被收回的权利。相比之下，硬权利是可以保护的

① FAO，Reforming forest tenure：Issues，principles and process，Rome，2011

权利，比如拥有对土地不可剥夺的权利。只拥有软权利的社区不太可能在开发森林资源上投入更多的人力和财力，因为这些森林资源很容易被政府收回①。

这就要求在实践中林权的基本权利应进入较高层次的监管框架中，比如进入宪法，而如果进入较低层次的监管框架中，比如进入实施指南这一层面就很容易被修改。

硬权利有时是必需的，因为软权利（以及非正式安排）可以很容易被撤销。然而，硬权利也可以被政府撤销，从而导致投资的不确定性。总之，稳定的林权具有以下特点②：

（1）权利必须清晰界定。

（2）必需确保权利不能被单方面收回或不公平地改变。

（3）如果权利被永久地授予或者授予一个时期，这个时期应该是清楚的并足够长以使参与者充分实现其利益。

（4）权利必须是可强制实行的。

（5）权利必须具有排他性。

（6）必需界定清晰权利所作用的资源的边界以及谁有成为团体成员的资格。

（7）政府实体如果进入协议（共同经营）中来，就必须具有这么做的明确的权力。

（8）法律必须承认权利人的权利。

（9）必须具有方便的、负担得起的、公平的方法来保护权利，解决纠纷并上诉政府官员的决定。

支持稳定的产权安排的一种观点认为私有制（即个体产权）提供了最强的激励，因此是理想的产权形式。然而在实践中各种共有产权以及联合产权也在不同的环境下运行。所以，决定产权是否可以运行的环境是非常重要的。

---

① Gilmour, D. A., O' Brien, N., Nurse, M., Overview of regulatory frameworks for community forestry. In N. O' Brien, S. Matthews and M. Nures, eds, Regulatory frameworks for community forestry in Asia, First Regional Community Forestry Forum, Proceedings of Regional Forum, Bangkok, 2005

② Ellsworth, L., A place in the world: A review of the global debate on tenure security, New York, Ford Foundation, 2004

（二）林权改革意想不到的结果

林权改革的实施充满了风险和不确定性，并经常导致意想不到的结果，特别是在社会经济结果方面。林权改革对某些人有着不好的影响。中亚、越南以及其他国家国有林的私有化经常导致不平等、剥夺选择权或加剧了人们的贫困，原因是从居住在森林中或森林附近的居民手中剥夺了使用权，忽视了大多数用户的利益。

在罗马尼亚，林地的归还导致了在非法采伐方面出现了一些意想不到的结果①。1989 年以前，罗马尼亚所有的森林属于国有，大范围的归还过程始于 1991 年。有一些森林分给了那些已经不在了的所有者，导致森林实际上属于“无人”所有的情况②。

虽然林权安排的正式化往往会创造一个更稳定的投资环境，但仍伴随有风险。一个风险是某些人或团体，经常是妇女或儿童，他们依靠森林资源而生存，将来可能会被剥夺使用权，发生这种情况的原因有二：一是由于发生了产权安排上的重叠或平行的情况，比如习惯的产权和正式的合法产权发生重叠；二是由于改革忽视了季节性的使用者，比如季节性牧民。另一个风险是如果林权改革进行得太快了可能会建立不恰当的林权安排。

（三）林权改革是一个适应性过程

对于林权改革，除了需纠正意想不到的结果外，适应性过程也具有重要作用。

例如在泰国，正式的林权改革并不成功，但其对林权改革的实践探索也是一种对产权的改善。泰国试图通过社区林业运动来完成林权改革的尝试遭到各种利益群体的一致反对而失败，但其通过改善制度上的决策安排已取得了显著的结果。泰国北部的黎美斯乐地区是一个军控的保护区，坐落在与缅甸接壤的边境。它包括几个民族混合的人口，森林也严重退化多年。数年前，泰国皇家武装力量（RTAF）开始一个大范围的重新造林运动。早期的尝试是将重新造林地用于农业，这引起当地人民的抗议。在国际自然保育联盟（IUCN）的帮助下，RTAF 及其合作伙伴发起了一个跨景观参与土地利用规划的过程，并逐

① WWF，Illegal logging in Romania，WWF European Forest Programme and Danube Carpathian Programme，2005

② 同上

渐获得了当地人民的信任。

在这种情况下，给予正式的产权对当地人来说不是现实的选择，因为它违反了政府的政策，但改善关系和决策制定过程（治理）却提高了当地人使用森林和其他资源的机会。这表明在林业、农林业和农业的土地利用上采用协商的方法正改善着森林的状况，同时还表明这些改革为改善生计发挥了作用。

不管对林权改革是否缺乏政治意愿，黎美斯乐案例可以被看做是一个政治实验。在比较大的景观的尺度上采用学习的方法并改进治理的结构和方法，就会逐渐带来越来越多的好处，这说明适应性过程对于林权改革是一个重要的方法。

此外，在冈比亚，从 1991 年到 1995 年间其林权改革处于试验阶段，1995 年建立了新的林业政策，1998 年建立的新的林业立法。在蒙古，2008 年林权改革开始试点，2010 年开始实行新的林业政策。尼泊尔的社区林业已发展了十多年，其社区林业的政策试验结果推动了其在 1989 年推出新的林业政策，随后在 1993 年建立的新的林业法律。这些例子也说明适应性过程具有逐渐增量的效果，对林权改革具有重要的价值。

（四）稳定的产权并不总是导向森林可持续经营或改善当地人民的生计

在大多数太平洋的美拉尼西亚国家，林地产权（包括森林）几乎全是习惯产权形成。习惯的林地所有权一般由部落持有。但是在这种部落习惯上拥有的林地上却会发生大规模的并且是不可持续的采伐，其过程往往是复杂而多变的。虽然林地由部落持有，但与采伐公司的谈判经常由据称代表部落利益的政府机构来调解。然而，这些机构并不总是为了部落的利益而洽谈，也不总是以可持续性作为首要任务，他们更大的目的是从中收取特许使用费，这样就很难实现森林可持续经营。更为复杂的是，个体的部落首领可能正式地代表部落，但在实践中却追求其自身的利益。

对于太平洋地区的生计和森林资源的可持续经营而言，显然更多的关注是提高治理的效果而不是林权改革本身。即使将产权安排作为硬权利（即非常稳定）并成为监管框架的组成部分，也不一定会收到预期的效果。

（五）监管框架对实现经营目标的重要性

近几十年来的许多改革越来越认识到更广泛的利益相关者对森林经营的权利。这些转变所隐含的真正意义是改变监管在森林经营中的作用。前期的改革中，政府的作用经常是强调实施，阻止人们进入森林并禁止他们从中收获林产品。当时的监管框架反映了政府的这种强调。虽然政府机构必须保持对适当的执法进行授权的命令，他们也需要对下放的森林经营权予以支持和促进，帮助森林经营者。监管框架应该反映这种变化。政府会缓慢地改变监管框架以反映这种转变，这就使许多旧议程的某些强制性属性保留了下来。我们选择了几个重要的拉丁美洲国家，跟踪这些国家立法的变革和林权改革，并且发现前者对后者的支持（表0.2）。

表0.2　拉丁美洲国家支持林权制度改革的法律框架变革

国家和年份	法律框架变革
哥斯达黎加，1977	建立关于原住民的法律法规，并将原住民区域作为集体财产加以特殊保护
巴西，1988	宪法承认原住民和部落人对于其祖先的土地的权利
哥伦比亚，1991	宪法为承认非洲——加勒比部落社区的权利，为1995年界定原住民的权利铺平道路
玻利维亚，1996	新林业法通过给私人公司和一些小型伐木者以特许权，允许其进入森林。原住民社区和其他土地所有者获得对其森林利用的专有权以及允许在其土地上商业化利用森林的权力，并有条件地拥有经过批准了的经营规划。
秘鲁，2000，2008	修改动植物法，确保当地森林促进当地人民可持续利用附近森林的权利
洪都拉斯，1974，2007，2008	1974年颁布森林法，2007年确认社会林业系统并允许地方团体进入公共森林资源。2008年立法确认森林资源附近社区的各种权利

来源：FAO，2009，有改动。

二、我国重点国有林区管理体制改革的争论

我国的国有林区（不含国有林场）是指东北、西北和西南的森林相对集中连片的地区，而重点国有林区则是指黑龙江、内蒙古、吉林的大小兴安岭和长白山国有林区①，也称东北、内蒙古重点国有林区。新中国成立之初，为满足经济和社会发展对木材资源的需求，我国在东北、西北和西南的森林资源丰富地区，陆续组建了135个以木材生产为主要任务的国有森工林业局，其中有

① 朱永杰，管理体制改革是国有重点林区发展的基础，林业经济，2010（10）：50~53

85个森工林业局分布在东北、内蒙古重点国有林区，涉及内蒙古森工集团、黑龙江大兴安岭林业集团公司、吉林森工集团和龙江森工集团4个国有林业企业集团，还有一种说法称作是4+1森工集团，即龙江、内蒙古、大兴安岭、吉林和延边森工集团①。

东北、内蒙古重点国有林区经历着可采森林资源危机和森工企业经济危困（以下称“两危”）。“两危”是一个渐进形成的结果，成型于20世纪80年代中期，到20世纪90年代已成为一个不争的事实和学界热议的话题，学者们从不同的角度分析形成“两危”的各种深层次的原因，其中国有林区政企合一（含社企合一、事企合一）的管理体制被许多学者认为是根本性原因之一。国有林区政企合一的管理体制分为两种情况②③：一种是纯粹的政企合一，另一种是名义上的政企分离实质上的政企合一。前者如黑龙江省伊春市，其市政府和林管局是同一个单位，市政府市长兼任林管局局长。其下辖的各区政府与各森工林业局（森工企业）也是同一个单位，区政府区长兼任作为企业法人的森工林业局局长。这种情况，称为纯粹的政企合一。后者如东北、内蒙古国有林区的各森工林业局，它作为国有林业企业，除了负有营林、抚育和采伐等生产任务外，还肩负着医疗、教育、公检法等公共事业职能。

中央政府为解决重点国有林区的“两危”所实行的最重要、最有影响的政策是实施天然林资源保护工程（以下简称“天保工程”），天保工程被喻为是重点国有林区的“救命工程”④，解决了其森林资源严重“透支”的燃眉之急，使国有林区的森林资源进入了休养生息、恢复发展的阶段。天保工程对重点国有林区管理体制的改革起到了推动作用⑤，主要表现在：第一，天保工程调减木材产量，为森工企业改革提供了外部压力和动力；第二，天保工程分流安置富余职工，为森工企业改革提供了内部压力和动力；第三，天保工程政社性资金补助，为森工企业减负提供了改革成本支持；第四，天保工程实行目标责任考核，为森工企业改革提供了必要保证。但是天保工程却不被认为是解决

① 张志达，关于国有林区改革进程及构建新体制的思考，林业经济，2009（12）：31～35

② 王永清，国有林区可持续发展管理体制的调整和重构研究，林业科学，2003，39（4）：118～126

③ 王毅昌、蒋敏元，东北、内蒙古重点国有林区管理体制改革探求，林业科学，2005，41（5）：163～168

④ 雷加富，关于深化重点国有林区改革的几点思考，林业经济，2006（8）：3～6

⑤ 张志达，关于国有林区改革进程及构建新体制的思考，林业经济，2009（12）：31～35

"两危"的治本之策，国有林区在经过10年的天保工程后的今天面临的问题与10年前在本质上没有大的区别[①]，国有林区的治本之策是政企分开。

许多学者分析了改革政企合一的管理体制难以推进的原因。徐晋涛[②]认为国有林区的改革具有更为特别的敏感性，而敏感性又来源于对风险和权益的担心，所谓风险是担心改革会引发森林资源管理上的混乱，特别是大规模的乱砍滥伐。所谓权益是指改革将带来现行管理权限的变化，使中央林业主管部门、地方林业主管部门和国有林业企业的权、责、利关系发生变化。王毅昌[③]认为改革的不利因素主要有：一是重点国有林区传统的体制机制障碍惯性较大；二是森林资源保护与企业发展之间可能会面临新的问题；三是既得利益集团和利益相关者对改革的认识不统一；四是推进管理体制改革的上下联动机制没有建立起来。张道卫[④]认为政企合一的标志是企业的领导人同时又是政府的官员，政企不分的原因一是企业不愿给，二是地方政府不愿要，三是中央和省政府下不了决心搞改革。

在现行政企合一的管理体制下，森工林业局既是经济组织的企业法人实体，还代表国家行使森林资源监督管理职能，又具有管理所辖林区的社会行政事务管理职能。森工林业局具有"三重身份"，即："国家森林资源的保护管理者"、"国有企业的经营管理者" 和 "地方政府的行政父母官"[⑤]。所以，重点国有林区管理体制改革的内容其实包括3个方面：一是行政管理体制改革，二是森林资源管理体制改革，三是企业经营管理体制改革。现有的各种改革模式所选择的切入点都无外乎这3个方面。重点国有林区的改革模式既有理论上的探讨，又有实践上的尝试。在实践上，当前重点国有林区进行的各种改革包括以下4种模式：

第一种模式是吉林森工集团和内蒙古森工集团的改革模式。这是森工集团

---

① 吴晓松，国有林区改革方向与模式研究，林业经济，2009（10）：35～37

② 徐晋涛、姜雪梅、季永杰，重点国有林区改革与发展趋势的实证分析，林业经济，2006（1）：10～15

③ 王毅昌、蒋敏元，东北、内蒙古重点国有林区管理体制改革探求，林业科学，2005，41（5）：163～168

④ 张道卫，对东北国有林区森林资源产权及其改革的调查与思考，林业经济，2006（1）：16～21

⑤ 王毅昌、蒋敏元，东北、内蒙古重点国有林区管理体制改革探求，林业科学，2005，41（5）：163～168

层面上的改革，也被称作产权改革模式①。改革以推进政企分开为重点，对森工企业进行全面重组改造，创新林区管理体制和经营机制。吉林森工集团的改革始于2005年，具体做法可概括为“四全部一改造”，即加工业国有资本全部退出，辅业全部转为民营，社会职能全部移交，职工全部转换劳动关系，对集团进行股份制改造。内蒙古森工集团于2008年启动改革，森工企业把社会职能全部剥离移交给政府，企业辅业改制实行国有资产和国有职工身份“双退出”，社会保险全面理顺全员覆盖，管理机关机构合并，人员精简。

第二种模式是清河林业局和十八站林业局改革模式。这是森工集团下属林业局层面上的改革。龙江森工集团所辖的清河林业局和大兴安岭林业集团公司所辖的十八站林业局都是在林业局内部实行政企分开。清河林业局2006年启动改革，其改革概括为“人大授权、政府派出、林区区域管理、内部政企分开”。在林业局辖区内，成立清河林区管理委员会，承担政府管理林区社会职能；加挂清河林区国有林管理局，承担原林业局林业行政管理工作。国有林管理局与林区管委会一套人马、两块牌子。新成立林业经营公司，注册为企业法人，承担原林业局生产经营活动。十八站林业局2008年启动改革，其改革概况为“三分开”、“三建立”②。“三分开”，即在保持目前林业局整体框架不变的条件下，实行内部政企分开、事企分开、资源管理与生产经营分开，并推动最终实现从外部彻底分开。“三建立”，即建立以企业为主体按市场运作的林业产业体系，建立以林业管理部门为轴心监管森林资源的林业生态体系，建立以政府为主导建设和谐的林区社会体系。

第三种模式是森林资源管理体制改革模式。这是在东北、内蒙古重点国有林区选取西林吉、根河、阿里河、鹤北、红石、汪清6个具有代表性的森工企业局进行重点国有林区森林资源管理体制改革试点。这种改革模式在企业内部设有专门的森林资源管理部门，外部有林管局驻林业局资源监督机构，各林业局在林场、贮木场也设立了资源监督站，由此形成了由上到下的森林资源监督管理体系。这一改革产生的影响不大，王月华、谷振宾③对之提出了批评，认为改革只停留在了机构设置和人员配备上，最为关键的机构性质、经费来源等

---

① 雷加富，关于深化重点国有林区改革的几点思考，林业经济，2006（8）：3~6

② 张志达、赵新泉、赵鹏，国有林区战略转型中的管理体制改革——大兴安岭十八站林业局综合改革试点调研报告，林业经济，2010（2）：83~86

③ 王月华、谷振宾，当前国有林区改革模式对比与评价，林业经济，2010（12）：10~19

问题没有真正解决，新成立的国有林管理局没有行政执法权，难以承担森林资源管理职能。

第四种模式是国有林权制度改革模式。这就是在伊春林区进行的以商品林资源家庭承包经营为特征的改革，也是本文研究的主要内容，这里不再累述。

学术界也对国有林区的改革模式、改革思路进行了探讨。将国有森林林业局承担的政府职能和森林资源监督管理职能从森工企业中剥离出去，这一点在学界已达成普遍共识。但是对于政府职能和森林资源监督管理职能应该剥离给谁，却有不同的主张。王毅昌、张学勤①分别以黑龙江和内蒙古为例，主张强化黑龙江省森工总局和内蒙古大兴安岭林管局的政府职能作用，即剥离出的两种职能虽由新成立的职能部门接管，但这个新成立的职能部门应该从原来的政企合一的职能部门中剥离。这其实是主张不能将政府职能和森林资源监督管理职能划分给外人或地方政府，在实践上，清河模式便是如此。于长辉、姜宏伟②主张的“先进行内部政企分开改革，经过一定的过渡期，再实行完全的政企分开”也是这个意思。他们还举例说将森工企业的政府职能移交给地方政府属于激进的改革方式，在历史上曾进行过几次尝试，但都没有成功，而且还出现了较大的动荡，引发了林区社会的不稳定。而张道卫③则认为森工企业的政府职能没能移交出去的原因不在于这么做会将大多数人（职工）推向对立面而引发林区社会的不稳定，而是因为部分森工企业领导不愿意放弃对国有林的管理和支配权。徐晋涛等④认为森工企业目前已经具备政府的大部分主要功能和比较健全的机构，将森工企业由政企合一的混合型组织向纯粹的政府转化是成本最低、社会动荡最小的林区转型方案。万志芳⑤对森工企业政府职能的移交设计了两种方案：一是移交给相应的地方政府，二是成立林区特区政府。

学界在研究重点国有林区管理体制的改革时，还对改革的推动方式和改革成本问题予以特殊的关注。从推动方式上来看，重点国有林区当前所进行的各种模式的改革都是自下而上的。陈应发⑥认为国有林区改革不能全由既得利益

---

① 张学勤，东北、内蒙古国有林区改革实践研究与探讨，林业经济，2010（6）：7～11

② 于长辉、姜宏伟，关于完善黑龙江省森工管理体制问题的探讨，林业经济，2006（1）：26～29

③ 张道卫，对东北国有林区森林资源产权及其改革的调查与思考，林业经济，2006（1）：16～21

④ 徐晋涛、姜雪梅、季永杰，重点国有林区改革与发展趋势的实证分析，林业经济，2006（1）：10～15

⑤ 万志芳，重塑国有森工企业政企关系的对策研究，世界林业研究，2004，17（3）：60～64

⑥ 陈应发，国有林区改革模式与配套措施的探讨，林业经济，2007（2）：14～18

的森工干部人员从基层来发起，国有林区改革宜从上推动。王月华①也主张东北国有林区的改革应以政府主导为主，实行自上而下全面推进的方式。国有林区改革的成本主要包括富余人员安置的投入、剥离所办社会等职能的投入、基础设施建设的投入、森林资源保护和抚育的投入、接续产业扶持的投入、企业转制的投入等。当前进行的几种改革模式所支付的改革成本，中央政府都没有承担，都是由地方政府和森工集团承担的。王月华和谷振宾②、朱永杰③主张中央政府和地方政府应合理分担改革的成本。

综上，对于重点国有林区管理体制的改革，可以得出以下几点：

第一，改革是自下而上发起的，中央政府没有对哪一种模式的改革负担相应的改革成本，对各种改革模式仍在进行观望，看不出中央政府对重点国有林区管理体制改革的决心。

第二，“内部政企分开”的渐进型改革已经在实践上有了尝试，学界对此并无反对和质疑的声音。

第三，将森工企业承担的政府职能和森林资源监督管理职能移交给由原森工企业人员组成的新的政府职能部门，是内部政企分开的重要特征之一，也是基层所欢迎的改革方式，学界对此也认为并无不妥。

第四节　研究思路与研究方法

一、研究思路

首先，综合分析国内外相关研究文献，为本文的研究奠定一定的理论基础。接着，对国有林权制度改革试点林业局进行调研，通过问卷调查、座谈讨论等形式尽可能全方位、详细地获得相关实际资料，为客观描述国有林权制度改革的状况提供依据。再次，运用林业经济学、制度经济学、产权经济学等经济理论和方法，对国有林权制度改革的成效、引发的新问题和与已有制度的冲突进行分析和研究。最后，研究提出国有林权制度改革的基本取向和相应的政策建议。

---

① 王月华，对东北国有林区改革与发展的若干思考，林业经济，2006（1）：22～26

② 王月华、谷振宾，当前国有林区改革模式对比与评价，林业经济，2010（12）：10～19

③ 朱永杰，管理体制改革是国有重点林区发展的基础，林业经济，2010（10）：50～53

研究的技术路线见图 0.1。

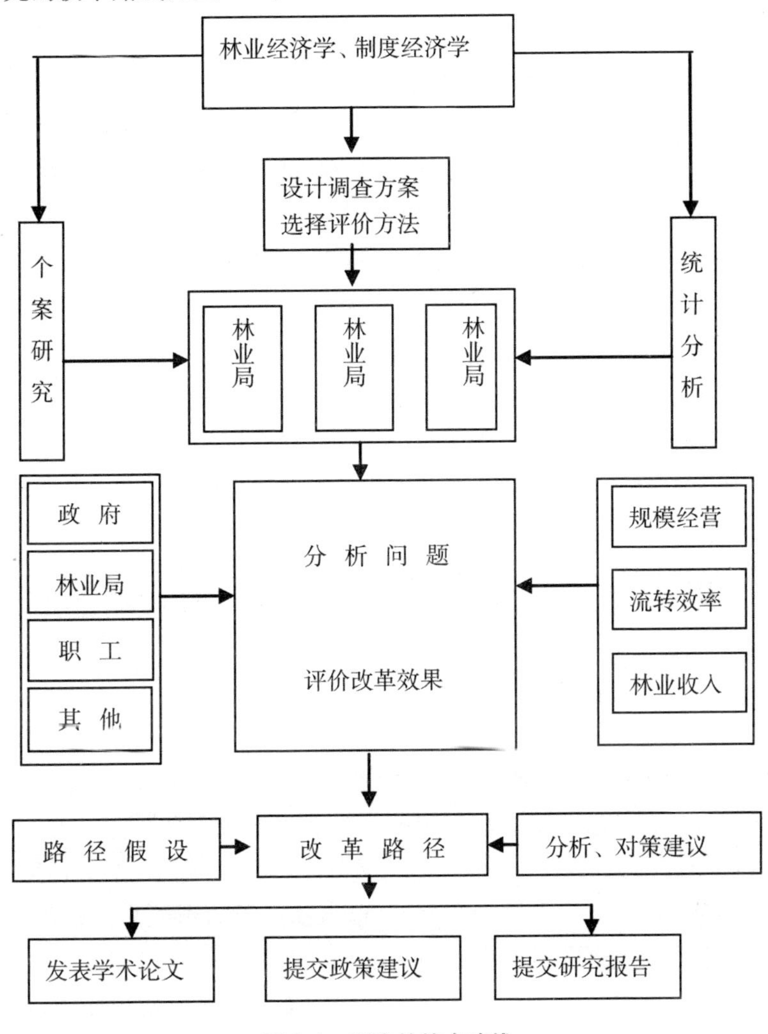

图 0.1 研究的技术路线

二、研究方法

本文将运用文献综述、实地调查（典型调查、问卷调查和访谈调查）和定量分析的研究方法。

（1）文献综述。伊春国有林权制度改革作为一种改革模式，对于重点国有林区管理体制的改革具有推动意义。本文首先在绪论中对目前重点国有林区管理体制的改革进行必要的文献综述，其次在每一章各专题进行实证研究之前进行必要的文献综述。

（2）典型调查与抽样调查相结合。本研究是对伊春国有林权制度改革进行跟踪调查，因此将深入到改革试点的5个林业局典型林场进行典型调查，搜集林权制度改革的相关资料。同时，在典型林场随机抽取林改户，进行问卷调查和数据采集。

（3）关键人物访谈。在每个林业局的典型林场，对森工林业局的管理干部和林改户进行一对一的访谈。

（4）案例调查。在5个林业局调查或收集造林抚育投资和林下经济投资的典型案例。

（5）定量分析。分别运用问卷调查数据和统计数据，针对研究专题的不同问题，建立正确的计量经济模型，进行科学的定量分析。

第五节　国有林权制度改革的目标分析及研究的主要内容

一、国有林权制度改革的目标分析

对于此次国有林权制度改革的目标，前伊春市委书记许兆君的表述是“在获得最大经济效率的同时，为国家贡献生态效益，进而使国家得生态、企业卸包袱、职工得收益、社会得稳定的目标真正得以实现”①。而前国家林业局副局长雷加富则指出：“目标一是通过改革，使‘山定主、人定心、树定根’，充分调动林业职工保护、培育和经营森林资源的积极性，提高林地的生产力，提高森林资源的集约经营水平，实现森林资源可持续经营，青山常在、永续利用；目标二是通过改革，进一步拓宽就业渠道，解决有家无业的问题，使林业职工依托林地资源，摆脱贫困走上致富之路；目标三是以林权制度改革为突破口，推动林区整体改革，从根本上解决体制性、机制性障碍，为实现经济发展、生态良好、人民安居乐业的社会主义新林区奠定坚实的基础②。”

① 许兆君，积极稳妥推进国有林权制度改革从根本上激发林区发展动力，林业经济，2007（9）：14～18

② 雷加富，关于对伊春林权制度改革试点的调查报告，载于：伊春国有林权制度改革试点指导协调小组，国有林区林权制度改革实践与探索，北京：中国林业出版社，2008

从以上关于国有林权制度改革目标的阐述中，可以发现：第一，改革的目标是要实现林业的生态、经济和社会效益；第二，国家、企业和职工对此次林改都有其利益的诉求。基于此，本研究提出以下两个问题：第一，此次国有林权制度改革中承包给职工的森林定位为商品林，而按照森林分类经营的要求，商品林是以追求经济效率最大化为目标的，国家对承包给职工经营的商品林所附加的生态效益方面的要求是一个什么程度的要求？国家在生态效益上的要求在何种程度上能够与职工追求经济效率的要求相协调？第二，国有林权制度改革的目标当中，哪些是近期可以实现的？哪些是远期才能实现的？

对于第一个问题，由于我国已经确立了生态效益优先的林业新定位，对包括此次国有林权制度改革在内的任何林业方面的改革，国家强调生态效益都是无可厚非的。但关键是要明确对生态效益要求的程度，本研究认为，国家对此次国有林权制度改革中生态效益的要求应该是最基本的，即生态效益不减。国家不能指望从由私人经营的商品林上谋求创造更多的生态效益，否则森林分类经营就是一句空话。国家对生态效益的追求在东北、内蒙古重点国有林区实行的天然林资源保护工程和退耕还林工程等生态工程中将得以体现。但是，如果此次林改后的结果是森林遭到大面积砍伐，那么现有的生态效益将骤降，这当然是国家绝不能容忍的。所以，国家赋予此次林改的生态效益上的要求应该是不减，即只要森林生态效益没有减少，就可以认为国家的目标得以实现。唯有如此，此次林改过程中暴露出来的各种问题以及涉及的现行政策才会有改革的理由，并尽快实施。

对于第二个问题，生态效益不减在近期是可以看出来的，而生态效益增加则应是远期才能看得出来的。近期必须实现的目标首先是林区职工依托林地致富。而依托林地致富的目标还需进一步加以细分。林区职工承包林地后，依托林地致富的渠道有二：一是造林，待达到成熟后收获木材获得经济效率；二是发展林下采集、种植、养殖等林下经济获得经济效率。前者也是远期才能实现的目标，而后者才是近期必须实现的目标。近期应该能够实现的目标还有提高林地生产力及森林资源的集约经营水平、林区基础设施建设。以国有林权制度改革为突破口，推动国有林区管理体制的改革是一个远期目标。国外对国有林管理体制的改革无不伴随着大量的减员，由于国外从事国有林经营的人员本来就不是很多，再加上其经济的发展有吸纳这些被裁减下来的人员就业的能力，故而这在国外容易做到。但在我国，国有森工企业的职工和管理干部众多，国有林区及其附近中心城市无法提供足够的就业机会来吸纳富余人员，这使得改革的成本巨大，但通过国有林权制度改革却可以为林业职工提供就业机会，从而降低林业管理体制改革的成本，因此，赋予此次林改推动国有林区管理体制改革的目标是合理的，不过以目前这 8 万 hm^2 的试点林地，要想实现这一目标是不太可能，只有在改革的近期目标得到实现，并扩大改革试点范围的前提下方能实现。近期应该能够看到的是承包林地的职工对国有森工企业的依赖程度降低。

综上，可以总结出此次国有林权制度改革的目标，近期目标有：（1）森林的蓄积量不下降或没有下降趋势。这可以视为森林的生态效益不减。（2）承包林地的职工已经按照其编制的森林经营方案的规划进行了造林投资，这可以视为提高林地生产力及森林资源集约经营水平。（3）林区职工通过发展林下经济而增加收入。这可以视为职工的致富。（4）林区职工对国有森工企业的依赖程度降低。这可以视为企业卸包袱并为林业管理体制改革创造条件。（5）林区基础设施建设得到发展。远期目标有：（1）实现森林资源的可持续经营。（2）森林集约经营水平和规模经营水平都得到提高。（3）林区职工造林抚育的投资得到回报，收入来源多样化。（4）富余人员的就业安置不再成为林业管理体制改革的障碍。

对于此次国有林权制度改革的成效，本研究将基于近期目标做出评价。

二、研究的主要内容

为实现本文的研究宗旨，本研究将主要研究以下几方面的内容。

（1）国有林权制度改革的历程及当前做法。首先，对国有林权制度改革之前的“民有林”的由来及发展现状进行必要的回顾，并分析其当期的处境。其次，阐述当前进行的国有林权制度改革的主要内容和主要做法。

（2）国有林权制度改革的成效研究。这一部分重在客观考证改革试点的实际效果，从与国有林权制度改革最密切的因素的变动来研究其效果。具体包括从改革对森林资源的影响、改革对承包户投资及收入的影响、林改后林区的贫困状况以及改革对国有森工企业的生产效率的影响等方面进行实证研究。

（3）国有林权制度改革的突破、问题及政策性难点。这一部分主要回答伊春国有林权制度改革取得了怎样的突破，改革的过程中出现的种种问题，如林权证、采伐限额、林地使用费等，对于这些问题的解决分别给出远期和近期的政策建议。

第一章

重要概念

第一节　产权

一、产权的含义

作为法学概念，产权含义非常明确，它就是财产权利的简称。《牛津法律大辞典》明确指出，产权“亦称财产所有权，是指存在于任何客体之中或之上的完全权利，它包括占有权、使用权、出借权、转让权、用尽权、消费权和其他与财产有关的权利。”《法兰西民法》也明确指出，“财产权就是以法律所允许的最独断的方式处理事务的权利”，它渊源于罗马法中的“天赋财产”概念（产生于罗马“法学阶梯”中的自然法阶段）。我国法律界认为，产权就是人的财产权利，它与人的生命权、人的社会与政治的权利共同构成基本的人权。产权是一个范畴性的概念，它包括多种层次的概念。具体来说，产权包括“自物权”和“他物权”，前者也就是“所有权”，它是一切产权的基础和核心，具有排他性特征，是所有者独享的权利，包括“占有”、“使用”、“受益”和“处置”四项权能，它们从不同角度体现着所有权。“他物权”则是在他人所有物上设定的权利，包括为使用和收益目的而设定的“用益权”（即财产的使用权，包括经营权、承包权、租赁权等），和为保证债权的行使而设定的“担保物权”。因此，法律意义上的产权是人对物的权利，是相对于某一客体的静态的权利体系。

将产权作为一个独立的经济学范畴，并进行系统的经济学研究的是一批制度经济学家，其中包括马克思和西方新老制度经济学家。尽管经济学家们对产权问题的研究已经有相当长的历史，但是关于产权的定义，却仍然存在着广泛的争论，人们由于分析问题的角度和考虑问题的重点不同，对产权的定义和叙述也各不相同。总体上可以把它们分为广义的产权概念和狭义的产权概念①。

狭义的产权概念是将其与财产联系在一起，认为产权就是建立在财产基础上的人们的经济行为权利，它反映了由对财产的权利而引申的人们之间的社会经济关系。例如，著名的新制度经济学家德姆塞茨把产权简单地定义为："一个人或者他人受益或受损的权利。"并解释道："产权是界定人们如何受益及如何受损，因而谁必须向谁提供补偿以使他修正人们所采取的行动。"配杰威齐也认为："产权详细表明了在人与其他人之间的相互关系中，所有的人所必须遵守的与物相对应的行为准则，或者承担不遵守这种准则的处罚成本。"并把产权划分为四方面的权利，即使用权、收益权、处置权和交易权。P. 阿贝尔与配杰威齐持相同的观点，只是叙述得更加详细、更加具体。他认为，产权"包括所有权，即排除他人对所有物的控制权；使用权，即区别于管理和收益权对所有物的享用和收益权；管理权，即决定怎样和由谁来使用所有物的权利；分享残余收益或承担责任的权利，即来自于对所有物的使用和管理所产生的收益和成本分享及分摊的权利；对资本的权利，即对所有物的转让使用、改造和毁坏的权利；安全的权利，即被剥夺的权利；转让权，即所有物遗赠他人或下一代的权利；重新获得的权利，即重新获得失去的资产的可能和制度保障；其他权利，包括不对其他权利和义务的履行加以约束的权利、禁止有害于使用权的权利。"菲吕博腾也特别强调在理解产权时，"要注意的中心点是，产权不是指人与物之间的关系，而是指由物的存在及关于它们的使用所引起的人们之间相互认可的行为关系。产权安排确定了每个人相对于物时的行为规范，每个人都必须遵守他与其他人之间的相互关系，或承担不遵守这种关系的成本。"

广义的产权概念则表明，产权不仅是人们建立在财产基础上的经济行为关系，或者由此而引起的人与人之间的社会经济关系，而且是人与人的所有社会关系。P. 施瓦茨明确地把人的一切权利都看做是人的财产，他认为产权不仅包括人对物质的和非物质的与经济行为相关的权利，而且包括行政权和各类法权。他指出："产权不仅是人们对有形物的所有权，同时还包括人们有权决定行使市场投票方式的权利、行使特许权、履行契约的权利以及专利和著作权。"一些经济学家则将产权与人权联系起来，认为产权和人权之间密不可

① 袁庆明，新制度经济学，北京：中国发展出版社，2005

分，区分人权和产权的做法是错误的，甚至是荒谬的。例如，巴塞尔认为，产权包括人权，“在产权和人权之间做出区分是荒诞的。人权只不过是产权权利的一部分。”而阿尔钦和艾伦则认为人权包括产权，指出“试图比较人权与产权的做法是错误的。产权是使用经济物品的人权。”

显然，广义的产权概念过于宽泛，它模糊了经济学的研究对象，因而也就抹杀了经济学和与其他学科的区别。作为经济学范畴的概念，显然不能将产权内涵扩展到与人权范畴相等甚至比人权概念还要宽泛的地步。

二、产权的形式和属性

产权作为一种财产权利，总有其归属的主体。根据产权归属主体的不同，即归属于一个特定的人，还是归属于一个共同体的所有成员，可以将产权从根本上分为两种形式，即私有产权和共有产权①。

私有产权意味着社会承认所有者的权利，并拒绝他人行使该权利。私有产权就是将资源的使用与转让以及收入的享用权界定给一个特定的人，他可以将这些权利同其他附着了类似权利的物品相交换，也可以通过自由合约将这些权利让给其他人，他对这些权利的使用不应受到限制。正如阿尔钦所说：“产权是一个社会所强制实施的选择一种经济品的使用的权利。私有产权则是将这种权利分配给一个特定的人，它可以同附着在其他物品上的类似权利相交换。”

私有产权并不意味着所有与资源有关的权利都掌握在一个人手里。一套房屋的所有者可以将其租给他人居住。在这种情况下，房屋的所有权仍然属于房屋的所有者，但房屋的使用权却属于另一个人。两个人拥有房屋的不同的产权。就一块土地的使用权来说，也可以由几个人同时拥有。阿尔钦指出：“A可以拥有在这块土地上种小麦的权利。B可以拥有在它上面走路的权利。C可以拥有在它上面倒炉灰、冒烟的权利。D可以拥有在其上空驾机飞行的权利。E可以拥有开动邻近设备而使之承受振动的权利。并且每一种权利都是可以转换的。总之，这块土地各种被分割的私有产权被不同的人所拥有。”这就是说，同样的一种有形资产，不同的人拥有不同的权利；但并不意味着这些权利就不是私有的，只要每个人拥有互不重合的不同的权利，多个人同时对某一资源或资产行使的权利仍是私有产权。因为私有产权的关键在于对所有权的行使

① 卢现祥，西方新制度经济学，北京：中国发展出版社，2003

的决策及其承担的后果完全是私人做出的。

有些资产的产权具有这样的特点：某个人对一种资源行使权利时，并不排斥他人对该资源行使同样的权利，或者说，这种产权是共同享有的。这种产权被称为共有产权。例如，我步行穿过一块公共土地的权利与他人穿过这块土地的权利是完全一样的，我可以有权去一块公共水塘钓鱼，你或他人也可以这样做。无论何种情况，许许多多人可以为了同样的目的行使对某一资源的产权。共有产权与私有产权相比，其最重要的特点在于共有产权在个人之间是完全不可分的，即完全重合的。因此，即使每个人都可使用某一资源来为自己服务，但每个人都没有权利声明这个资源是属于他的财产，也就是说，每个人对此都拥有全部的产权，但这个资源或财产实际上并不属于任何个人。

国有产权、社团产权和公司产权都属于共有产权范畴，是共有产权的形式。国有产权是指国家依法享有国有财产的排他性权利。在国有产权下，权利是由国家选择的代理人来行使的。由于他对资源的使用、转让及剩余索取权都不具充分的权能，就使他对绩效及对他人监督的激励很低，加之国家对代理人的监督费用昂贵，所以国有产权下的外部性极大。国有产权有助于突破私人产权的利润界限，提供私人无力或不愿生产的社会需要产品，克服外部性引发的市场失灵现象，但问题是国有产权能否与市场经济相容。

当某个人对一种资源行使某权利，并不排斥同一团体内的其他成员对该资源行使同样的权利时，这种产权便称为社团产权。公司产权（法人产权），即关于如何行使对公司资产的各种权利的决定不是由某自然人作出的，而是由公司的决策机构对权利的行使作出规则与约束。

由于产权具有不同的形式或类型，因此，不同形式或类型的产权，其属性和特征自然也不同。就私有产权而言，它主要具有排他性、可分割性、可让渡性和清晰性，共有产权的属性与私有产权的正好相反，它不具有排他性、可分割性、可让渡性和清晰性。

私有产权的排他性意味着所有者有权选择用财产做什么、如何使用它，和给谁以使用它的权利。德姆塞茨指出："排他性是指决定谁在一个特定的方式下使用一种稀缺资源的权利。排他性的概念当然是从下面的意义中引申出来的，即除了'所有者'外没有其他任何人能坚持有使用资源的权利。"产权的排他性，实质上是产权主体的对外排斥性或对特定权利的垄断性。私有产权的排他性一方面把选择如何使用财产和承担这一选择后果之间紧密联系在一起，

另一方面使所有者有很强的动力去寻求带来最高价值的资源的使用方法。柯武刚和史漫飞指出："排他性是所有者自主权的前提条件，也是使私人产权得以发挥作用的激励机制所需要的前提条件。只有当其他人不能分享产权所界定的效益和成本时，这些效益和成本才可能被'内部化'，即才能对财产所有者的预期和决策产生完全的、直接的影响。只有那样，才能将他人对该财产使用的估价传送给所有者，所有者也才有动力将其财产投于他人欢迎的用途。"

共有产权一般不具有排他性。私有产权的排他性是基于产权主体的唯一性。对于共有产权，其产权主体虽然也是由不同个人成员组成的，但是这些成员个人并非彼此分开的独立的产权主体，他们只是共有产权的组成分子。也就是说，共有产权的组成成员是作为一个整体分享共有财产的产权的。在共有范围内，对财产的权利，是你的，也是我的。正是在这个意义上，即就你我都是财产共同主人、共有财产每个人都有平等的一份来说，它是不具有排他性的。当然，共有产权在其内部成员之间的共同分享上不具有排他性并不意味着它不具有任何意义上的排他性。实际上，共有产权也存在作为一个总体的对外排他性。我们知道，在特定社会里，只要资源稀缺，资源的产权就不能归全社会统一拥有，即不可能是单一主体，而总是归于不同的个人或团体。只要存在着多元的产权主体，不同主体间的物质利益就不可能等同，利益上的分立就是必然的。这种分立就是相互间的排他性。因此，尽管共有产权内部不同构成分子间不具有排他性，但是不同的共有主体之间，共有主体与私人主体之间肯定具有排他关系。

可分割性是私有产权的另一个重要特征，而共有产权作为一个整体，是排斥任何一个内部成员侵占、分割共有产权的，即共有产权不具有可分割性。

私有产权的可分割性，是指特定财产的各项产权可以分属于不同主体的性质。可分割性意味着产权能被"拆开"，一项资产的纯所有权能与其各种具体用途上的权利相分离。由于产权由权能和利益组成，所以，产权的可分解性包含两个方面的意义，即权能行使的可分工性和利益的可分割性。产权的不同权能由同一主体行使转变为由不同主体分工行使就是权能的分解，相应的利益分属于不同的权能行使者，就是利益的分割。有权能分解，就必然有利益分割，因为在存在产权的社会条件下，任何一个行使产权职能的主体，都不愿意白白地放弃利益。产权的可分解性可以在不同层次上体现出来。因为特定财产的产权可以区分为几个大项，每一大项又可以细分。首先，可以分解出狭义所有权、占有权、支配权和使用权。其次，占有、支配和使用的各项产权又可以分成不同的亚项。也许，在具体的权能行使过程中，这些亚项还可以分解，由不同的主体去行使。但是，需要指出两点：首先，产权的可分解性不是无限度的，不是说，产权可以无限分解，分得越细越好。产权实质是不同产权主体之间的经济关系，不同权项的划分必须在不同的产权主体之间进行，产权主体是不可无限细分的，如果产权无限划分下去，就会超出“不同产权主体之间”这个范围，分出来的也就不是产权了。其次，不是任何一项产权都可以任意再次分解。狭义所有权是特定财产的根本性产权，其主体的状况决定产权关系的性质。因此，它不具有任意可分解性。如果它的权能发生分解，就意味着它的主体状况在原有基础上发生了变化，产生了比原来更多的主体，从而产权关系的性质改变了。

可让渡性（或称可交易性）也是私有产权的内在属性，它以产权的排他性为基础。正因为产权是排他的，即特定产权的主体是唯一的和垄断的，产权主体才可能拿产权去转让和交易。对于共有产权来说，它是不具有可让渡性的。对于私有产权来说，可让渡性是私有产权的内在属性，但这并不意味着私有产权在任何情况下都是可让渡的，如有些不可转让产权的土地被授给了土生土长的美洲人和澳大利亚人群体。政府当局规定，这些土地的权利是不可转让的。因为政府要保护那些土著所有者，使他们免于“剥削”，免于按被认为不利于所有者的价格出售或出租这些土地。

产权的明晰性与产权的模糊性都是就“权利束”的边界确定而言的，它与产权的排他性与非排他性是等价的命题，排他性的产权（即私有产权）通常是明晰的，而非排他性的产权（即共有产权）往往是模糊的。所谓产权明晰，是指不同产权或不同主体的产权，其边界应尽量明确。任何产权形式，如果其所有者是确定的且是唯一的，那么这个产权就是明晰的。反之，如果其所有者不是唯一的，那么这个产权往往就是模糊的。以共有产权来看，所有者尽管是确定的，但是并不是唯一的，这就容易产生产权的模糊性。产权模糊有两种情况：（1）产权归属关系不清，即财产属于谁未明确界定或者未通过法律程序予以肯定；（2）财产在使用过程中，权利归属不清。当产权出现分割、分离与转让等情况时，财产各种权利主体变得不明确。产权的明晰性就是为了建立所有权，激励与经济行为的内在联系。

三、产权制度

新制度经济学认为，产权制度是一种基础性的经济制度，它不仅独自对经济效益有着重要影响，而且又构成市场制度以及许多其他制度安排的基础。产权制度涉及对产权的界定和对产权的保护，是对产权的各项权能所进行的制度安排，其内容包括对产权权能的界定、产权主体的设立、确定和保护的行为规则。

现代产权制度首先要界定产权，实际上是共有产权在成员间的重新分配。正如众多研究者认为，共有财产的存在表明产权界定不清。科斯认为，没有产权的初始界定，就不存在权利的转让和重新组合的市场交易。在共有产权下大量外部性无法内部化，大大影响了经济绩效，导致供给和需求失衡。资产产权界定后，经济主体拥有了排他的财产，开始对成本、投入、收益极为关注，为了实现自身利益的最大化目标，他们努力使资源配置达到最优，从而将很大一部分外部性内部化了。可以说，产权界定越明确，对产权主体的激励就越大，资源配置的效率就越充分，社会总效用就增加。同时外部性内部化的交易成本也越低。

其次产权制度需要能为产权主体的权利提供有效保护。我们知道，产权界定是经济发展的必要条件，但不是充分条件。要使经济得以发展，不仅要界定产权，还要求确保产权各项权能的有效实现和利益保护。其中最为重要的前提是要保证产权的交易自由和公平的市场竞争，使产权成为可交易的权利。通常，产权的初始界定一般很少能按照效率原则进行最优配置，若产权具有可交易性、市场竞争是充分的，则产权最终会转让到最具效率的用途上。一般地讲，竞争意味着人们不断地关注更多的可供选择的使用，这表明产权能够得到更完全的界定，以降低不确定性和促进资源得到更有效的配置和使用。

第二节　制度与制度变迁

一、制度的含义

尽管经济学中对制度这个概念的使用频率很高，但是，不同的经济学流派，甚至同一流派的不同经济学家赋予制度的含义也不完全一致。不过，在众多经济学流派的经济学家中，真正从最一般意义上讨论过制度含义的主要是旧制度经济学家凡勃伦、康芒斯和新制度经济学家舒尔茨、诺思等。在他们看来，所谓制度，就是规范个人行为的各种规则和约束。

在理解制度的内涵时，还有必要搞清楚两个与制度密切相关的概念，即制度安排与制度结构。新制度经济学家经常使用“制度安排”这一概念。所谓制度安排，就是管束特定行动和关系的一套行为规则。例如，专利制度就是一种保护发明创新、打击侵犯知识产权行为的一套行为规则和制度安排。显然，“制度安排”一词与“制度”一词的含义是非常接近的。

所谓制度结构，指的是某一特定对象中正式的和非正式的制度安排的总和。这里，某一特定对象可能是一个国家或社会，也可能是某种活动，如生产、技术创新等。例如，根据对象的不同，可以有一国的制度结构、生产的制度结构、市场经济的制度结构、技术创新的制度结构等。

二、正式制度和非正式制度

如何合理地对制度进行分类一直是新制度经济学家十分关注的一件事。新制度经济学家根据不同的标准，对制度进行过分类。这些分类，有些是合理的，有些则存在一定的缺陷。而正式制度和非正式制度的区分是新制度经济学的一种重要制度分类。

正式制度也叫正式规则，它是指人们（主要是政府、国家或统治者）有意识创造的一系列政策法规。按照诺思的观点，正式制度包括政治规则、经济规则和契约。它们是一种等级结构，从宪法到成文法与普通法，再到明确的细则，最后到个别契约，它们共同约束着人们的行为。

非正式制度也叫非正式规则，它是人们在长期的交往中无意识形成的，具有持久的生命力，并构成代代相传的文化的一部分。从历史上看，在正式制度设立之前，人们之间的关系主要靠非正式制度来维持，即使在现代社会，正式制度也只占整个社会制度的一小部分，人类社会生活的大部分空间仍然由非正式制度来约束。

正式制度与非正式制度的区别主要表现在以下三个方面：

首先，从变革的速度来看，正式制度可以在短时间内形成、变更或废止。人们常说的“朝令夕改”就是说新的正式制度可以在一天之中形成，过时的正式制度可以在一天之中废除。非正式制度的形成是一个漫长的过程，非正式制度的改变较之正式制度来说也要困难得多。当然，这并不意味着非正式制度不会发生改变。在人类历史过程中，价值观、习惯和社会道德，与意识形态一

样都已经发生变迁并且正在发生变迁。

其次，从制度的实施机制看，正式制度依据的是政府的强制手段，如通过军队、警察、法院、监狱等暴力性手段来强制实施。非正式制度则主要取决于社会成员的相互作用和他们对某种团体习惯的自发遵从。一般来说，一个团体或社区中成员的流动性越大，这种执行机制的效率也越低。因此，流动性越高，一个团体或社区中成员就越容易放弃传统非正式制度和接受新的非正式制度。这可以解释为什么价值观和道德在市场经济中不断流变而在传统经济中却凝固不变。

最后，从制度的可移植性来看，由于非正式制度内在所具有的传统根性和历史积淀性，使它很难在国家或区域之间移植。正式制度较之非正式制度则具有较大的可流动性、可移植性。例如，我国在向市场经济体制转轨的过程中就移植了一些发达市场经济国家有关市场的正式制度。这些制度的移植大大降低了制度创新和变迁的成本，给“输入国”带来了不少好处（或收益）。一种非正式制度尤其是意识形态能否被移植，不仅取决于所移植国家的技术变迁状况，而且更重要地取决于后者的文化遗产对移植对象的相容程度。如果两者具有相容性，那么，制度创新的引入，不管它是通过扩散过程，还是通过社会、经济与政治程序所进行的制度转化，它们都会进一步降低制度变迁的成本。

三、制度变迁

制度变迁是指制度的替代、转换与交易过程。制度变迁可以被理解为一种效益更高的制度对另一种制度的替代过程。在这个过程中，实际制度需求的约束条件是制度的边际替代成本（即机会成本）。制度变迁还可以被理解为对一种更有效益的制度的产生过程。在这个过程中，实际制度供给的约束条件是制度的边际转换成本。微观经济学理论表明，由于边际收益递减，生产最优规模的约束条件是边际转换成本等于边际收益。类似地，实际制度供给的约束条件是制度的边际转换成本等于制度的边际收益。

经济活动既包括人与物之间的替代与转换活动，又包括人与人之间的交易活动。从这个意义上讲，制度变迁还可以被理解为制度的交易过程。实际的制度交易的约束条件是制度的边际交易成本。制度的交易成本是有关的制度主体在动态的制度变迁中从事对制度这种物品的交易时所付出的成本，而不是有关经济主体在静态的制度结构中从事对其他物品的交易时所付出的成本。

根据制度变迁主体的不同，制度变迁可分为诱致性制度变迁和强制性制度变迁两种类型。

诱致性制度变迁指的是现行制度安排的变更或替代，或者新制度安排的创造，是由单个行为主体（个人或利益集团）在给定的约束条件下，为确立预期能导致自身利益最大化的制度安排和权利界定而自发组织实施的自下而上的制度创新，是个人或群体在响应由制度不均衡引致的获利机会时所进行的自发性变迁。诱致性制度变迁是制度变迁的基础，它强调的是制度变迁的经济性原则。

诱致性制度变迁的特点可以概括为：（1）盈利性。即只有当制度变迁的预期收益大于预期成本时，有关群体才会推进制度变迁。（2）自发性。诱致性制度变迁是有关群体对制度不均衡的一种自发性反应，其诱因就是外在利润的存在。（3）渐进性。诱致性制度变迁是一种自下而上、从局部到整体的制度变迁过程。制度的转换、替代、扩散需要时间，从外在利润的发现到外在利润的内在化，其间要经过许多复杂的环节。如在行动团体内就某一制度方案达成一致同意就是一个旷日持久的过程。

强制性制度变迁指的是政府借助行政、经济、法律等手段，自上而下组织实施的制度创新，它偏重于适应面较广的制度变迁。强制性制度变迁的主体是国家。为什么需要国家推进强制性制度变迁呢？第一，制度供给是国家的基本功能之一。统治者至少要维持一套规则来减少统治国家的交易费用。这些规则包括统一度量衡、维持社会稳定、安全的一系列规则。统治者的权力、威望和财富，最终取决于国家的财富，因此统治者也会提供一套旨在促进生产和贸易的产权和一套执行合约的执行程序。第二，制度安排是一种公共品，而公共品一般是由国家“生产”的，因此政府生产公共品比私人生产公共品更有效。第三，弥补制度供给的不足。由于诱致性制度变迁会遇到外部效果和“搭便车”问题，从而使制度安排创新的密度和频率少于作为整体的社会最佳量，即出现制度供给不足。在这种情况下，强制性制度变迁就会代替诱致性制度变迁，因为政府可以凭借其强制力、意识形态等优势，减少或扼制“搭便车”现象，从而降低制度变迁的成本。

诱致性制度变迁和强制性制度变迁有许多共同点，如两者都是对制度不均衡的反应，两者都遵循成本——收益比较的基本原则等。但这两种制度变迁模式又存在一些区别。主要有：（1）制度变迁的主体不同。诱致性制度变迁的主体是个人或一群人，或者一个团体；而强制性制度变迁的主体是国家或政

府。这两类制度变迁主体的差别并不是在数量上，而是体现在质上。诱致性制度变迁主体集合的形成主要是依据共同的利益和经济原则，国家这个制度变迁主体进行制度变迁的诱因比竞争性组织（或团体）更复杂。(2) 两类制度变迁的优势不同。诱致性制度变迁主要是依据一致性同意原则和经济原则。如果它能克服外部效果和“搭便车”之类的问题，那么它在制度变迁中将是最有效率的形式之一。而强制性制度变迁的优势在于，它能以最短的时间和最快的速度推进制度变迁，它能以自己的强制力和“暴力潜能”等方面的优势降低制度变迁的成本。(3) 两类制度变迁面临的问题不同。如诱致性制度变迁作为一种自发性制度变迁过程，其面临的主要问题就是外部效果和“搭便车”的问题。而强制性制度变迁却面临着统治者的有限理性、意识形态刚性、官僚政治、集团利益冲突和社会科学知识局限等问题的困扰。

尽管在理论上可以将制度变迁区分为诱致性制度变迁和强制性制度变迁，但在实际生活中，诱致性制度变迁和强制性制度变迁是很难划分开的，它们相互联系、相互制约，共同推动着社会的制度变迁。

第三节　林权

一、林权及林权制度

在林业建设和发展中，林权是一个极为重要的概念。它不仅是研究森林、林木和林地权属诸多理论问题的基础，同时又是林业实践所指向的对象之一。林权既是一个经济学概念，又是一个法律概念。从经济学上看，林权是关于森林、林木和林地的产权。从法律上看，林权是一种民事权利。任何民事权利都包括主体、客体、内容三个方面。

林权主体就是根据法律、行政法规的规定享有林权的权利人。我国对林权主体的规定主要散见于多部单行法律条文中。各种法律条文对林权主体的称谓并不统一，主要有“公民”、“集体”、“国家”、“个人”、“农民集体”、“单位”、“家庭”、“农户”等等，显然，这些纷繁的称谓有的相互重叠，有的不够精练。为了解决这些问题，适应现实需要，我国林权主体应界定为国家、集体、自然人、法人和其他组织，以此代替现在的多种称谓。其理由如下：首先，国家、集体作为权利主体的现实在我国已经长期存在，在实际中所占比例也较高，由我国的生产资料所有制所决定，确定其林权主体地位，有利于巩固社会主义公有制，稳定森林林木的权属关系，也符合我国的国情。其次，无论是个人、单位，还是家庭、农户、农村集体经济组织成员，究其性质，都可以归入自然人、法人或其他组织中。因此，以自然人、法人或者其他组织取代现在多种多样的称谓是科学的。最后，国家、集体、自然人、法人或者其他组织的提法更符合规范法律用语的要求。

林权的客体就是林权权利人的权利所指向的对象。《中华人民共和国森林法》第三条规定："森林、林木、林地的所有者和使用者的合法权益，受法律保护，任何单位和个人不得侵犯。"《中华人民共和国森林法实施条例》第三条规定："国家依法实行森林、林木和林地登记发证制度。依法登记的森林、林木和林地的所有权、使用权受法律保护，任何单位和个人不得侵犯。森林、林木和林地的权属证书式样由国务院林业主管部门规定。"从法律、行政法规的规定可以看出，在我国，森林、林木和林地是林权的客体。

通过对与林权有关林业法的考察可以看出我国林权在类型上包括了森林、林木和林地所有权，森林、林木和林地使用权①。

森林、林木、林地所有权实际上是森林所有权、林木所有权和林地所有权的合称。按照对所有权的一般理解，所有权是指所有人依法对自己的所有物享有的占有、使用、收益和处分的权利。依此所有权定义，森林、林木、林地所有权应指森林、林木、林地所有人依法对自己所有的森林、林木、林地享有的占有、使用、收益和处分的权利。

森林、林木、林地所有权包括四项权能，即对森林、林木、林地的占有权、使用权、收益权和处分权。占有权是指所有人对森林、林木、林地进行控制或者管理的权利。使用权是指所有人按照森林、林木、林地性能对其加以利用，以满足生产或者生活需要的权利。收益权是指所有人通过合法途径获取基于森林、林木、林地而产生的物质利益的权利，在民法上主要表现为收取森林、林木、林地产生的孳息的权利。森林、林木、林地产生的孳息分为两种。一种孳息称为天然孳息，是指森林、林木、林地因自然规律而产生的，或者按照森林、林木、林地的用法而收获的物。天然孳息可以是自然的，也可以是人工的。例如收获树上结的果实，就是自然的；砍伐林木用作燃料，就是人工

① 李延荣、周珂，集体林权流转和林地使用费法律问题研究，北京：中国人民大学出版社，2008

的。另一种孳息称为法定孳息，是指根据法律规定，由法律关系所产生的收益，例如出租林木收取租金。处分权是指所有人对森林、林木、林地进行消费和转让的权利，它是森林、林木、林地所有权的核心内容。处分可以分为事实上的处分和法律上的处分。事实上的处分是指对森林、林木、林地进行消费，包括生产消费和生活消费；法律上的处分是指对森林、林木、林地进行转让。

占有权、使用权、收益权和处分权，构成了完整的森林、林木、林地所有权的四项权能。森林、林木、林地所有人可以将这四项权能集于一身统一行使，也可以将这四项权能中的若干权能交由他人行使，即森林、林木、林地所有权的四项权能与所有人相分离。

森林、林木、林地使用权是森林使用权、林木使用权和林地使用权的合称，是指使用人依法对森林、林木、林地享有的占有、使用、收益和处分的权利。它是在森林、林木、林地所有权权能分离、使用权能独立基础上形成的。

林权制度是对林权所包含的权能的界定、主客体的设定，确立和保护的一系列行为规范的总和。

二、林地承包经营权与林地使用权

随着农村联产承包责任制的广泛推行并逐步确立，家庭联产承包责任制作为我国20世纪80年代实行改革开放的一大创举，基于此产生的土地承包经营权的概念在实践中被人们所接受。林地承包经营权作为土地承包经营权的一种，同样在实践中被人们接受并普遍使用。那么林地承包经营权作为与林地使用权并行的一个概念，是否科学合理，二者之间是什么关系，需要理清①。

林地承包经营权是指自然人、法人或者其他组织对国家所有或者集体所有的林地根据承包合同的规定依法享有的占用、使用、收益和处分的权利。从概念上看，林地承包经营权和林地使用权都是利用林地获得收益的权利，在权利主体、客体和内容上极其相似，并都由林权证来确认。同时，由于我国目前使用的林权证上只有林地所有权权利人、林地使用权权利人、森林或者林木所有权权利人和森林或林木使用权权利人四个选项，并没有林地承包权权利人这一项，在使用林权证确定林地承包权时，都把林地承包权权利人填写为林地使用权权利人，因此，许多人都认为林地承包经营权就是林地使用权。

---

① 刘宏明，试论林权概念的修正，林业经济，2006（11）：22～25

但在理论上，林地使用权和林地承包经营权还是存在一些差别的。第一，在主体上，林地使用权的主体原则上除了集体、自然人、法人或者其他组织外，国家也可以成为林地使用权人；林地承包经营权的主体原则上不包括国家。第二，在权利的取得方式上，林地使用权可以通过承包方式取得，也可以通过诸如合伙等其他方式取得；林地承包经营权是通过承包合同方式取得的。

从以上总结出的林地使用权和林地承包经营权的区别来看，实际上二者并不是等同的，而是包含与被包含的关系，林地承包经营权是林地使用权的一种形式，林地使用权的概念完全可以涵盖林地承包经营权，林地承包经营权这一概念可以被林地使用权概念所吸收或者替代。在进行林权理论研究时，对于林地承包经营权和林地使用权的共性，可以一并研究，无需分裂开来进行重复研究。

基于上述分析，可以清楚地看出，我国林权在内容上划分为两种，即森林、林木、林地所有权和森林、林木、林地使用权。通过剥离两种不同类型林权的共性，可以将林权的概念界定为：国家、集体、自然人、法人或者其他组织对森林、林木、林地依法享有的占用、使用、收益或者处分的权利。

三、林权流转

随着我国社会主义经济体制的建立和林权制度改革的深入，森林、林木和林地的使用权、承包经营权作为生产要素进入市场流转在全国各地普遍展开，而且是大势所趋。

林权流转是指在不改变林地所有权和林地用途的前提下，将林地的使用权按照一定的程序，以有偿或无偿的方式，由一个主体转让给另一个主体的经济行为。

关于林权流转的对象，《中华人民共和国森林法》有明确的规定。其第十五条规定："下列森林、林木、林地使用权可以依法转让，也可以依法作价入股或者作为合资、合作造林、经营林木的出资、合作条件，但不得将林地改为非林地；（1）用材林、经济林、薪炭林；（2）用材林、经济林、薪炭林的林地使用权；（3）用材林、经济林、薪炭林的采伐迹地、火烧迹地的林地使用权；（4）国务院规定的其他森林、林木和其他林地使用权。依照前款规定转让、作价入股或者作为合资、合作造林、经营林木的出资、合作条件的，已经取得的林木采伐许可证可以同时转让，同时转让双方必须遵守本法关于森林、林木采伐和更新造林的规定。除本条第一款规定的情形外，其他森林、林木和

其他林地使用权不得转让。具体办法由国务院规定。”

可以看出，林权流转对象主要分为两种：一是林木（活力木）的所有权；二是林地的使用权。根据《中华人民共和国森林法》的规定，具体是指下列森林、林木的所有权和林地的使用权可依法流转：（1）用材林、经济林、薪炭林的林木所有权；（2）用材林、经济林、薪炭林的林地使用权；（3）用材林、经济林、薪炭林的采伐迹地、火烧迹地的林地使用权；（4）国务院规定的其他森林、林木、林地使用权。

《中华人民共和国森林法》对森林、林木、林地使用权流转的对象和范围有明确的规定。也就是说，不是所有森林、林木、林地使用权都可以有偿流转，只有法律规定可以流转的才可有偿流转。根据《中华人民共和国森林法》等相关法律规定，下列林权不得流转：（1）防护林和特种用途林等公益林；（2）权属不清或存在争议的林权；（3）未经依法办理林权登记取得林权证的林权。（4）属于名胜古迹和革命纪念地内的；（5）属于自然保护区、自然保护小区（点）内的；（6）其他禁止采伐。对林权流转加以限制的目的和意义，一方面在于防护林和特种用途林等公益林有着重要的生态效益，必须对其加以严格的保护，如果对其流转不加以限制，必将导致公益林的乱砍滥伐；另一方面则在于减少流转过程中纠纷的产生，权属不清或者本身就存在争议的林权，或未经办理林权证的林权，如果允许其流转，必然会引起大量的纠纷，影响林权制度改革的进程，甚至会影响社会的稳定。

林地使用权市场基本上可分为一级市场和二级市场。林地使用权一级市场也即林地使用权出让市场，是林地的所有权人将林地的使用权和林木的所有权在一定期限内有偿出让给林地使用者所形成的市场，所涉及的是发生在林地所有权人和林地使用权人之间的交易活动。而林地使用权二级市场是指取得林地使用权的使用权人，在使用期限内，将林地使用权和林木所有权再次转让所形成的市场，所涉及的是发生在林地使用者之间的交易活动。

第四节　生计与贫困

生计和贫困一直是研究林业或林区问题的两个相互联系的重要概念，例如，贫困可以表述为“一种生计的机会减少或受到限制的状态”①。

20 世纪 80 年代以来，国外研究者和国际组织对农户的生计与可持续生计进行了大量研究。例如，Chambers & Conway② 提出了生计以及可持续生计的概念，Scoones③ 则进一步指出生计由生活所需的能力、资本以及行动组成。世界著名的从事农村扶贫与发展研究的学者 Ellis④ 认为，“资本、行动和获得这些的权利受到制度和社会关系的调节，这一切决定了个人和农户获得收入的活动。”生计研究也得到了许多国际组织的重视。“生计”这一概念为研究者提供了一种研究区域（特别是农村）经济发展和自然资源可持续利用的新视角。

在生计与可持续生计概念的基础上，近年来一些国外组织和研究者发展了多个生计分析框架。例如 Scooner⑤ 提出的可持续生计分析框架；Bebbington⑥ 提出的以资本和能力为核心，综合分析农户生计、脆弱性和贫困的框架，Ellis⑦ 提出的生计多样性分析框架，美国非政府组织 CARE 提出的以基本需要和权利为基础的生计途径等。这些生计分析框架以人的资本和活动为中心，从多个角度来理解贫困，并提供了一些综合解决方案。在众多生计分析框架中，英国国际发展署（DFID）的可持续生计分析框架（如图 1.1 所示）使用最广泛，最具有影响力。

---

① Fisher, R., Maginnis, S., Jackson, W., Barrow, E., Jeanrenaud, S., Linking conservation and poverty reduction: Landscapes, people and power, London, Earthscan, 2008

② Chambers, R. and Conway, G., Sustainable rural livelihoods: practical concepts for the 21st century, IDS Discussion Paper 296, Brighton: Institute of Development Studies, 1992

③ Scooner, I., Sustainable rural livelihoods: a framework for analysis, IDS Working Paper, Brighton: Institute of Development Studies, 1998

④ Ellis, F., Rural livelihoods and diversity in developing countries, New York: Oxford University Press, 2000

⑤ Scooner, I., Sustainable rural livelihoods: a framework for analysis, IDS Working Paper, Brighton: Institute of Development Studies, 1998

⑥ Bebbington, A., Capitals and capabilities: a framework for analyzing peasant viability, rural livelihoods and poverty, World Development, 1999, 27 (12)

⑦ Ellis, F., Rural livelihoods and diversity in developing countries, New York: Oxford University Press, 2000

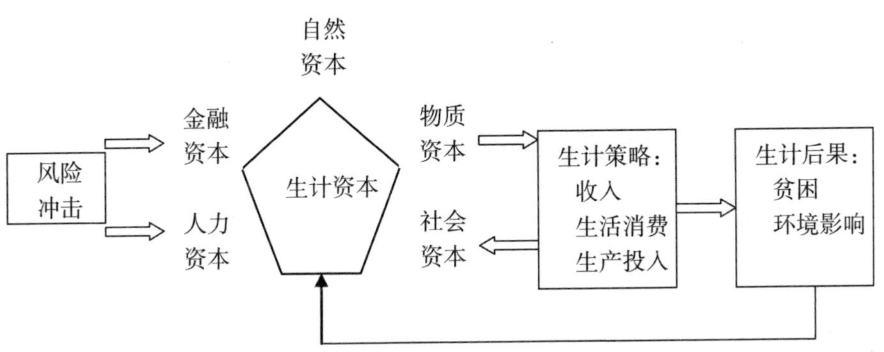

图 1.1　可持续生计分析框架

第二章

世界及中国林权的基本情况

第一节　世界林权的基本情况

自20世纪90年代以来，世界上许多国家进行了林权制度改革，主要有以下几种情况①：一是前苏联、中国和越南等国的森林去集体化；二是拉丁美洲的原住民和当地社区居民要求森林合法化和正式化；三是新西兰、澳大利亚和南非等一些国家的国有林私有化；四是一些发展中国家森林使用权的改革。这些林权制度改革反映了谁拥有森林的所有权以及谁拥有森林的经营权（使用权）这两个重要的产权特征以及这些权利如何运行。从全世界的范围来看，林权改革的一个重要特点之一就是更加承认原住居民的权利和社区的所有权，这为改善林区居民的生计提供了一个历史性的机会②。目前全世界由社区经营的森林面积占11%，这比工业原料林的面积大许多，相当于全部私有林的面积③。

一、世界森林的所有权

世界森林的所有权可分为公有、私有和其他三种类型。根据FRA2005的统计，全球84%的森林是公有的。公有产权是包括俄罗斯、刚果、印度尼西

① FAO, Reforming forest tenure: issues, principles and process, FAO Forestry Paper No. 165, Rome, 2011

② White, A. and Martin, A., Who owns the world' s forest? Forest tenure and public forests in transition. Washington, DC, Forest Trends, 2002

③ Bull, C. and White, A., Global forests in transition: Challenges and opportunities, Proceedings of Global Perspective on Indigenous Forestry: Linking Communities, Commerce and Conservation, Vancouver, Canada, 2002

亚和巴西在内的许多高森林覆盖率国家最普遍的所有权形式，不过在欧洲（不包括俄罗斯），公有产权并不是主要的林权类型，欧洲的公有林仅占48%。私有产权在北美洲（占31%）、中美洲（占46%）和大洋洲（占37%）更普遍些（图2.1）。

不过，地区上的宏观数据常常隐藏了这个地区内的国家间的很大差异。例如在拉丁美洲，委内瑞拉和法属圭亚那几乎所有的森林都是公有林，而巴拉圭、洪都拉斯、危地马拉、哥斯达黎加和智利等国的森林中都有30%以上的森林属于私有林，而秘鲁、圭亚那和哥斯达黎加的森林所有权中有相当大的比例（超过10%）属于原住居民①。

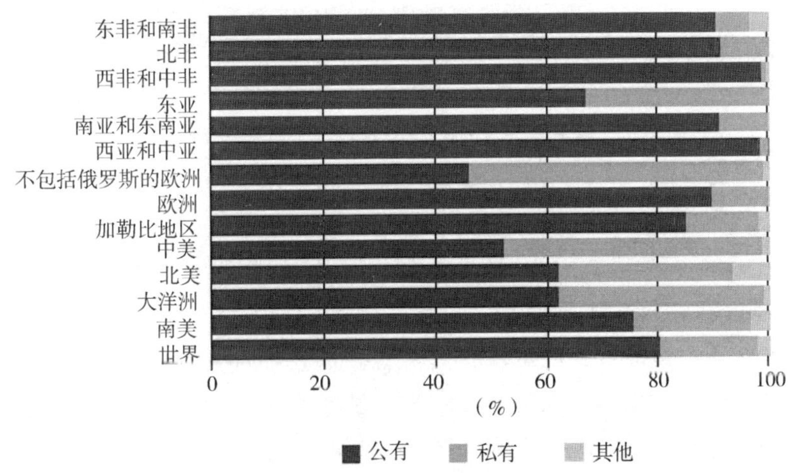

图2.1　各地区森林各类型所有权的比重

数据来源：2010年世界粮农组织

二、世界公有林的经营

森林的经营及其收益的关键在于谁拥有森林的使用权或经营权。在全球范围，公有林的经营有5种模式，即国家经营、社区经营、个体经营、私人公司和机构经营及其他（图2.2）。公有林由国家经营的占81%，由公司部门经营的占11%，由社区经营的占8%。在南亚、东南亚、西非和中非，公司部门经

① FAO, Forest tenure in Latin American countries: An overview. Forestry Policy and Insitutions Working Paper No. 24. Rome, 2009

营公有林的比例较高，例如在印度尼西亚和刚果，公司部门分别经营着 30% 和 15% 的公有林。

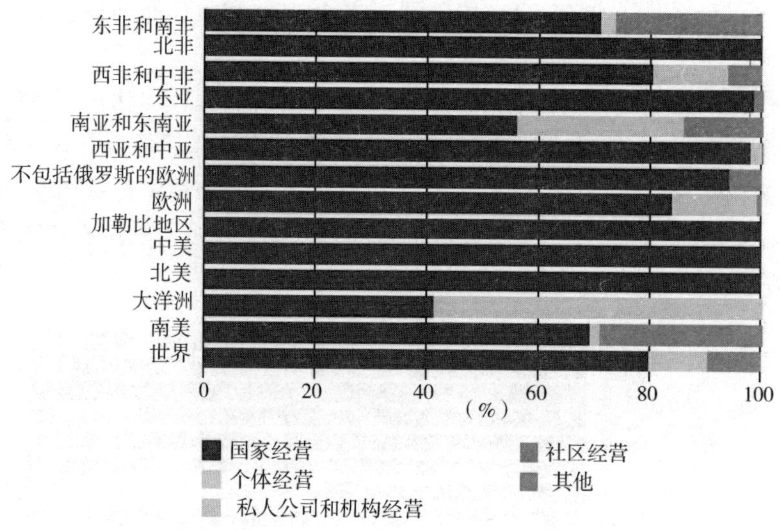

图 2.2　各地区公有林各种经营权模式的比重

数据来源：2010 年世界粮农组织

从图 2.3 中可以看到很重要的一点是每个地区都有大量的森林，它们有某种程度的当地或习惯的使用权。在南亚和东南亚，当地用户经营的森林面积占全部森林的 18%，全部森林包括所有的由当地森林持有人、社区、用户团体或个人拥有或经营的森林①。但在大多数情况下，当地人进入并利用森林受到政府的严格限制，政府通过赋予有限的仅满足生存需要的使用权保持其最大的权力。

① FAO，Understanding forest tenure in South and Southeast Aisa，Forest Policy and Institutions Working Paper No. 14，Rome，2006

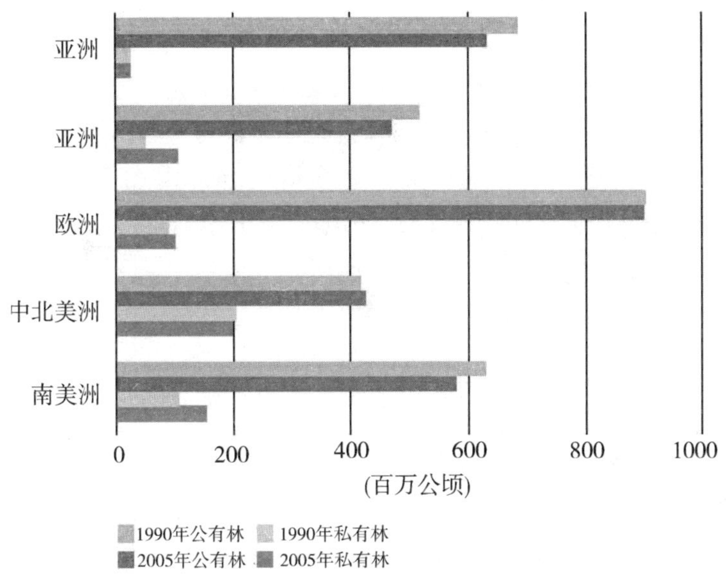

图 2.3　1990～2005 年世界各大洲公有林和私有林的变化趋势

注：大洋洲的数据不包括在内

数据来源：2010 年世界粮农组织

三、林权改革的趋势

从全球范围来看，林权制度主要还是国家所有并由国家经营的，但是林权制度改革正在进行，只是在一些国家比另一些国家多。林权制度的多样化有助于提高森林经营水平并改善当地居民的生计。

热带森林的国家在 2002 年到 2008 年间，从森林的经营权来看，国家经营的森林面积下降了 11 个百分点（从 76% 下降到 65%），而社区和原住民经营的森林面积增加了 1 个百分点（从 3% 到 4%）。从森林的所有权来看，社区和原住民拥有的森林面积增加了 3 个百分点（从 15% 到 18%），个人和公司部门拥有的森林面积增加了 7 个百分点（从 6% 到 13%）。

中国和越南的主要趋势是将林地分给私人家庭，是一个类似私有化的过程，但林权制度改革只发生在少数一些国家，在世界大多数国家并没有发生林权改革①。

公有林经营权（使用权）在1990年到2005年的变化如图2.4。欧洲的森林正在从国家经营向公司经营转变，这在很大程度上是由于俄罗斯的林权改革，俄罗斯私有部门经营的森林在1990年还基本没有，但到了2005年已发展到1.37亿公顷。拉丁美洲的森林则是由国家经营向社区经营转变。在亚洲，国家经营森林和公司部门经营森林的比例都在下降。

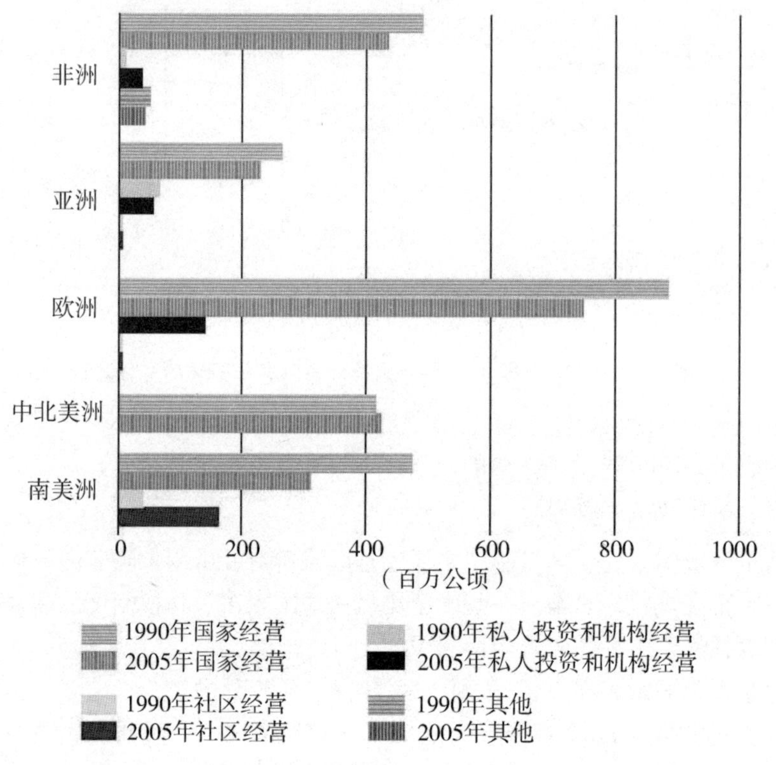

图2.4　1990～2005年世界各洲公有林经营权的变化趋势

注：大洋洲的数据不包括在内

数据来源：2010年世界粮农组织

① Sunderlin, W., Hatcher, J., Liddle, M., From exclusion to ownership? Challenges and opportunities in advancing forest tenure reform, Washington, DC, RRI, 2008

第二节 中国林权的基本情况

一、中国的森林权属结构

森林权属结构反映了森林资源的所有制状况。按土地权属划分为国有和集体。集体林地的所有权多集中在村、村小组、乡（镇）；国有林地多分布在重点国有林区、地方国有林区及国有林场内。林地面积中，国有 12131.58 万 hm^2，占 39.94%；集体所有 18246.61 万 hm^2，占 60.06%。有林地面积中，国有 7246.77 万 hm^2，占 39.95%；集体所有 10891.32 万 hm^2，占 60.05%。中国林地和有林地面积，国有与集体所有之比均为 4∶6。

按林木权属划分为国有、集体、个体。从 2003 年到 2008 年，有林地中个体经营的面积比例上升 11.39 个百分点，达到 32.08%（图 2.5）。目前，个体经营的人工林、未成林造林地分别占全国的 59.21% 和 68.51%，反映出集体林权制度改革的成效。

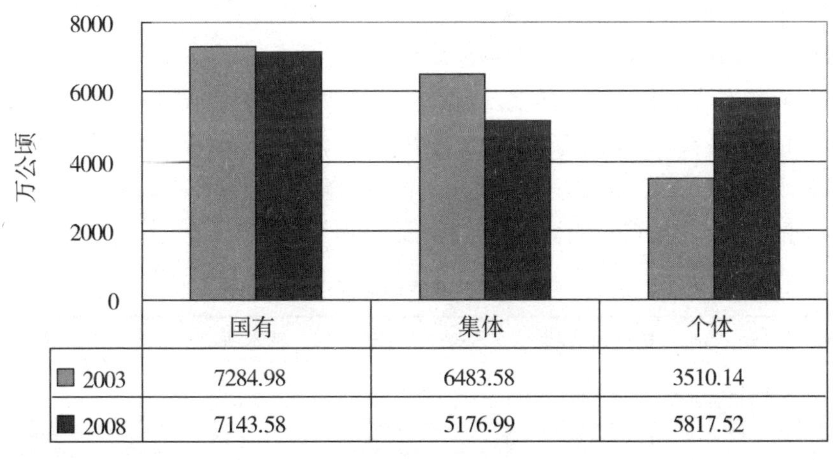

	国有	集体	个体
2003	7284.98	6483.58	3510.14
2008	7143.58	5176.99	5817.52

图 2.5 中国森林按林木权属构成

二、中国的林权改革

中国的林权制度改革是以集体林权制度改革为主线的。国有林权制度改革仅是 2006 年在黑龙江省伊春市进行了试点，将一部分国有林地承包给林区职工经营。国有林权制度改革是本书重点研究内容，这里只对集体林权制度改革进行阐述。一般认为集体林权制度改革经历了五个阶段①。

第一个阶段是从1949年到1953年土地改革时期的分山到户阶段。这一时期主要是通过把土地转为农民私有的形式来打破封建土地所有制，建立农民私有的土地所有制。第二个阶段是从1953年到1956年农业合作化时期的分林入社阶段。这一时期农民私有的山林变成了私人和集体共有，集体林业初见端倪。该时期所有权与使用权开始出现分离，即私人拥有林地所有权，合作社拥有使用权，与现在的情况正好相反。第三个阶段是1956年到1978年高级合作社和人民公社时期的山林集体所有、集体统一经营阶段。这一时期废除了土地私有制，林地产权实现由农民私有向合作社集体所有的转变。公有产权成了唯一的产权类型，农民只有名义上的生产资料，农民的退出权受到限制。第四个阶段是1978年到2002年改革开放时期的林权制度改革探索阶段。1978年农村实行的土地承包经营和生产资料责任制释放了巨大的生产力，这对林权制度改革起了一个示范效应，于是1981年以“稳定山权林权、划定自留山和落实生产责任制”为主要内容的林业“三定”政策便在集体林区加以推广，这一时期农民取得了林地使用权，但由于没有森林采伐限额制度的约束，不但没有激励农民造林的积极性，反而造成了比较严重的森林乱砍滥伐。第五个阶段是从2003年开始的集体林权制度改革深化完善阶段。这一时期的改革与20世纪80年代初的改革相比本质是一样的，即农民拥有林地使用权，但却没有出现森林乱砍滥伐的现象，原因在于有了较为完备的法律制度及市场发展环境的保障以及政府对于农民以林致富的扶持。中国集体林权制度变迁的过程如表2.1。

表2.1　中国集体林权制度变迁中权能分配

历史时期	林地所有权	林地使用权	林木所有权	林木使用权
土地改革	农民	农民	农民	农民
初级合作社	农民	集体	农民	集体
高级合作社	集体	集体	集体	集体
人民公社	集体	集体	集体	集体

① 李彧挥、张巧云、姜雪梅等，集体林权制度改革的国际经验借鉴，中国人民大学出版社，2008

续表

历史时期	林地所有权	林地使用权	林木所有权	林木使用权
林业“三定”	集体	农民	农民	农民
集体林权改革	集体	农民	农民	农民

截至 2010 年，全国已确权面积 16240.01 万 hm^2，占集体林地总面积的 88.8%。其中家庭承包经营的 10393.34 万 hm^2，占已确权面积的 64.1%，包括自留山 2540 万 hm^2、均山到户 7066.67 万 hm^2，联户承包 786.67 万 hm^2；集体经营的 3580 万 hm^2，占已确权面积的 21.9%，包括集体股份制经营 2046.67 万 hm^2，集体统一经营 1533.33 万 hm^2；其他形式经营 2266.67 万 hm^2，其中大户承包 800 万 hm^2，占已确权面积的 14%（表 2.2）。全国已发放林权证 7753 万本，发证面积 13400 万 hm^2，占已确权林地总面积的 82.6%。

表 2.2　中国已确权的集体所有林地的经营形式

单位：hm^2

经营形式		面积
家庭承包经营	自留山经营	2540.00
	均山到户经营	7066.67
	联户承包经营	786.67
	小计	10393.34
集体经营	集体股份制经营	2046.67
	集体统一经营	1533.33
	小计	3580.00
其他形式经营	大户承包经营	800.00
	其他	1466.67
	小计	2266.67
合计		16240.01

资料来源：根据《中国林业发展报告 2011》整理。

第三章

国有林权制度改革历程回顾及当前做法

伊春林区在20世纪80年代就开始林权制度改革的探索，经历了3个阶段：第一阶段，组织职工营造了部分“自费林”；第二阶段，从2000年起，将过去个人营造的“自费林”确定为个人所有的民有林，并进一步扩大了营造民有林的范围；第三阶段，就是将国有林区的部分林地拿出一块承包给林业职工经营，即目前正在实施的国有林权制度改革。

第一节　国有林权制度改革之前的“民有林”

一、民有林的由来

2006年经国务院批准实施的伊春国有林权制度改革，本质上是一种林地所有权与经营权的分离。在这一改革之前实际上经历了职工自费造林、三林流转等阶段，形成了一种所谓的“民有林”①。

黑龙江省国有森工林区隶属于黑龙江省森工总局管理，下设4个林管局，伊春林管局是其一。民有林不是伊春林管局（市）所独有的，黑龙江省森工总局下辖的林管局都或多或少地存在数量不等的民有林。民有林的产生主要有两种情况②：

一是被动产生。即在经济危困下为保持社会稳定及企业的正常生产经营而将大量的育林基金用于各级管理费用和人员开支，但这却导致了营林生产资金

① “自费林”、“三林流转”、“民有林”都是黑龙江省国有森工林区由非公有制造林产生的个体林，与“自费林”和“三林流转”相比，“民有林”的提法更为普遍。

② 于晓光、胡继平，关于黑龙江省国有森工林区营造“民有林”的探讨，中南林业调查规划，2007，26（2）：4~6

出现缺口而无法完成造林更新任务。1983年，伊春林管局所辖的桃山林业局上呼兰林场启动了林地按沟系承包，将森林资源所有权与经营权分离。1984年，美溪林业局开始营造自费林，营造形式有集体集资和个人自费造林两种，称作短期自费林，由林业局提供地块苗木，个人出资出劳，3至5年自费林郁闭成林后，经伊春管理局有关部门、林业局营林部门两级验收后由林业局支付给造林者一定费用，由林业局收为国有林。但当这部分自费林郁闭成林时，由于森工林区的经济持续危困，林业局无力对其实施收购。于是在1998年伊春市委、市政府提出突破森林资源国有国营禁区，大力发展民有林。先后制定了《伊春林业管理局实施天然低产低价次生林优化培育、自费营造商品林工作试点方案及实施细则》、《发展非公有制林业试点工作方案》和《实施细则》，下发了《关于发展私有林有关事宜的通知》，将过去应由林业局购回而无力购回的3067hm^{2}职工自费林全部转为了民有林。

二是主动营造。为吸引社会各方资金和劳力，加快森工林区更新造林步伐，形成多种体制并存，实现强企富民的目的，黑龙江省森工总局制定了允许森工系统所属的各企事业单位职工、家属和社会青年用自筹或自有资金进行人工更新造林的规定，鼓励营造“民有林”。于是伊春林管局又对部分宜林荒山、退耕还林地、疏林地、林间空地等林地和急需改造的低产低价林实行了林地承包经营，发给职工个人自费营造商品林。2003年中央9号文件出台后，伊春市委市政府制定了《伊春市森林资源产权制度改革试点工作方案》和《实施细则》，并在桃山林业局的3个林场进行了“三林流转”（即对林地使用权及森林林木所有权、经营权实行有偿流转）模拟试验。在流转过程中，企业内部职工可以用拖欠工资、费用顶替，顶替不足的现金补齐，资金有困难的可分期付款。

二、民有林发展现状

据有关统计①，黑龙江省森工总局现有民有林总面积33969.7hm^2，涉及总户数5286户。其中7hm^{2}以下的有4335户，面积15780.1hm^2；7~35hm^{2}的有884户，面积14492.6hm^2；35~70hm^{2}的有43户，面积1998.5hm^2；70hm^{2}以上的有12户，面积为1103.3hm^2；企业造林12家，面积595.1hm^2。

① 于晓光、胡继平，关于黑龙江省国有森工林区营造“民有林”的探讨，中南林业调查规划，2007，26（2）：4~6

就伊春而言，铁力林业局累计营造民有林已达 3681.73hm²，共 551 户；双丰林业局营造面积为 2939.33hm²，共 735 户；乌马河林业局营造面积为 2122.55hm²，共 416 户。桃山林业局已完成商品林流转 9298hm²，流转总蓄积 33.7 万 m³，流转户数 488 户。流转收入 3867 万元，主要用于顶替、偿还拖欠工资、费用和公益事业建设。

三、民有林的当前处境

自费林没有涉及产权问题，林业职工营造自费林的动机在于当林木由林业局购回时获得劳动报酬。当自费林转变为民有林时就触及到产权问题了，此时林地使用权、林木所有权及使用权由国有流转为私有。民有林是在黑龙江省森工总局授权下形成的，没有得到国家林业局的认可。发展民有林被认为是发展非公有制林业，是全社会办林业的重要途径①。但如何在重点国有林区发展非公有制林业，对现有的民有林在资源管理、采伐管理上如何管理尚不明确。目前这些民有林实际上已成为有待解决的历史遗留问题。

第二节　国有林权制度改革的主要做法

2006 年 1 月 4 日，国务院第 119 次常务会议原则通过了伊春的国有林权制度改革试点方案。2006 年 4 月 29 日，国有林权制度改革试点在伊春市乌马河林业局乌马河经营所正式启动实施，5 个试点林业局 8 万 hm² 林地完成流转，共签订承包合同 6623 户。

一、改革的主要内容

在不改变林地国有性质和用途的前提下，按照“远封近分”的原则，对浅山区林农交错、相对分散、零星分布的易于分户承包经营的部分国有商品林，由林业职工家庭承包经营，把林地的使用权、林木的所有权和使用权流转给森工企业职工，承包期 50 年。

试点范围为双丰、铁力、桃山、翠峦、乌马河 5 个具有代表性的国有林业局（每个林业局选定 3 个林场所）。试点期间，承包经营林地面积不超过 8 万 hm²，平均每户承包经营面积不超过 10hm²。

---

① 张君，国有森工林区发展民有林的思考，林业勘察设计，2005（2）：1～3

试点模式定为“国有林地承包经营”。由伊春林业管理局作为发包方委托试点林业局与林业职工签订书面承包经营合同，明确双方的权利和义务。对林地使用权和林木所有权、流转收益分配及合同期满后尚未采伐的林木处置等事宜在合同中予以明确约定。

国有林地承包经营由试点林业局分别采取拍卖、招标、协议等方式进行。

林地承包经营者依照合同约定，享有林木所有权、收益权、处置权和林地使用权，有权依法经营利用林木、林下植物资源；有权自主制定承包经营林地的经营方式与方法，造林树种、密度、森林抚育、采伐年龄和时间由承包经营者自行确定；有权从事林副、林药、林果、林蛙等种植、养殖、培植以及采集、加工、销售林副产品等多种经营活动，并可依法继承；有对其正常的生产经营活动及获得的收益要求行政或司法保护和对人为造成的经济损失依法索取赔偿的权利。

按照建立“产权明晰、权责明确、保护严格、流转顺畅”的现代产权制度要求，适时建立市级活立木交易市场和区（局）级林权制度改革服务中心。在承包经营期内，林地使用权和林木所有权可以继承、转让，确保“林定权、树定根、人定心”。

二、改革的基本步骤

（1）资源调查。按照国家林业局颁发的《森林资源规划设计调查主要技术规定》和三类调查技术要求，由伊春林业管理局组织对规划的拟承包经营林地资源现状进行一次全面、详细的调查，填报《承包经营区资源现状调查表》。

（2）区划界定。拟承包经营地块的现地区划调查工作，由试点林业局组织具备市级以上林业调查设计资质的单位完成。区划以自然区划为主，人工区划为辅，实行林班——小班两级区划，相对独立的小班可打破面积约束单独区划。区划界线要挂号、实测，边界拐点设置永久性标桩，标明区划名称、地理坐标。区划调查成果须经伊春林业管理局检查验收合格后方可生效。

（3）编制经营方案。承担调查设计的单位要以10年为一个经营周期，对每个调查区划小班编制科学合理、指导性和操作性强的森林经营方案，明确经营措施。

（4）资产评估。按照国家林业局会同有关部门制定的《伊春林权制度改革试点森林资源资产评估管理办法》，由伊春林业管理局委托具有森林资源资产评估资质的评估机构，根据区划调查成果对承包地块的森林资源资产进行评估，出具评估报告。

（5）公开信息。试点林业局林权制度改革领导小组办公室将区划完毕的森林资源信息、评估基准价、林地承包经营费用标准在服务中心和试点林场（所）张榜公告。

（6）提出申请。参加承包经营的职工向试点林业局林权制度改革领导小组办公室提出书面申请，领取申请表，经确认其身份符合要求后，报送伊春市（林管局）林权制度改革试点办公室核准。

（7）竞价招标和协议商定。试点林业局林权制度改革领导小组办公室根据国家有关规定对已经过资产评估的地块通过拍卖、招标、协议等方式确定最终承包经营者。竞价招标和协议商定全过程由伊春市（林管局）林权制度改革试点工作领导小组办公室监督。

（8）核查审批。试点林业局林权制度改革领导小组办公室将最终承包经营人书面申请、个人基本情况表、承包经营林地位置图、现地认界协议及附图、承包经营区资源现状调查表、资产评估报告及其他有关材料初审后报伊春市（林管局）林权制度改革试点领导小组办公室审核，由伊春林业管理局进行审批。

（9）公示。伊春林业管理局批准后的承包经营者、承包经营地块情况要在伊春林业管理局、试点林业局流转服务中心、试点林场（所）以及报纸、电视等新闻媒体公示 15 日。

（10）签订合同。经公示无争议的承包经营者、承包地块，由伊春林业管理局委托试点林业局与承包经营者签订林地承包经营合同。

（11）确权发证。签订林地承包经营合同后，由国家林业局授权伊春市（林管局）资源管理部门为承包经营者颁发林地使用权和林木所有权证书，并逐级报国家林业局备案。

（12）建档备案。各试点林业局和伊春林业管理局森林资源管理部门要建立健全林地承包经营档案，并逐级上报备案。

三、承包经营模式和森林管护模式

伊春国有林权制度改革在流转方式和经营形式上探索出 3 种承包经营模式，为林改后实现集中管护和林业集约经营，把现代企业的管理制度引入林业奠定基础。

一是个人承包，自主经营。对有经营能力的个人，积极鼓励个人承包，并给予政策支持。同时为解决山下职工承包林地后不便经营的问题，有的林场（所）还探索了委托经营的办法，消除了山下职工购买林地的后顾之忧。伊春市个人承包、自主经营的共有6149户。

二是联户承包，分户经营。选定一名牵头人，由其牵头组织几户共同承包一个林班，各户按投资多少确定地块，每块林地产权归个人所有，联合管护，独立经营。这种承包经营方式主要是针对试点之初拿出林班由职工自选小班，好地块疯抢，而不好地块无人问津的现象①。伊春市联户承包的有474户。

三是股份合作，统一经营。翠峦局么河经营所在流转过程中，组织引导有能力、懂经营、会管理的几名职工牵头，吸收愿意承包林地的45名职工入股，成立股份合作制组织，承包了一个面积398hm^2的大林班，占该所已流转面积的7%。

林地承包经营后形成了所谓的“新三林”，即承包林（已承包到职工个人手中的林地）、管护林（公益林）和托管林（预留林地）。对此，承包林的管护和经营由承包户负责；管护林的管护和经营由林业局负责，而林业局把与承包林相邻的少部分林地就近由承包林职工负责管护，林业局按规定支付一定费用。为确保因贫困而买不起林子的职工不错失承包林地的机遇，各林改局在有限的林权制度改革地块中预留出地块，先由林业局垫款，把预留的地块流转到林场（所）的供销服务公司，暂时代管经营，待职工具备条件时再承包给职工经营。伊春市共为451户林业困难职工预留地块2872.72 hm^2，实行托管经营，确保他们今后能够适时参与承包经营。

第三节 伊春林区的基本概况

一、自然环境

伊春位于黑龙江省东北部，小兴安岭纵贯全境，东邻鹤岗丘陵，西南接松嫩平原，东南连松花江沿江平原，北与俄罗斯隔江相望，边境线长249.5km。1948年开始大规模开发建设，1958年建市，素有“祖国林都”、“红松故乡”

① 姜传军，推进国有林权改革向纵深发展——翠峦林业局林改试点改革模式，林业经济，2009(4)：54～57

之美誉①。

现行政区划面积 3.3 万 km^2，占全省土地面积 7.2%。林业施业区面积 396 万 hm^2，地貌特征为"八山一水半草半分田"。整个地势西北高、东南低，平均海拔 600m，最高海拔 1429m。全区河流纵横密布，水资源总量为 54 亿 m^3，年均降水量 690mm 左右，主要河流有库尔滨河、乌云河、嘉荫河、汤旺河、呼兰河，分属黑龙江、松花江两大水系。林区属北温带大陆性季风气候，年平均积温在 1700～2200℃之间，无霜期从南至北为 120～87 天。

二、社会经济

伊春市人民政府和伊春林业管理局政企合一。辖 1 市（县级）1 县 15 个区（其中 13 个区分别与所在地林业局实行政企合一体制），16 个林业局，24 个乡镇，218 个林场、经营所。现有人口 132 万，其中农业人口 19.36 万人、非农业人口 110.86 万人。共有 22 个民族，汉族人数最多，其次是满族、回族、朝鲜族，少数民族人口占总人口的 4%。全市人口密度 33.33 人/km^2。历史上林区职工最多时期为 33.2 万人，其中全民职工 22.1 万人，森工混岗职工（林办集体及青年）11.1 万人。现全民职工，扣除 2000 年之后在一次性安置中退出的 5.8 万人，尚有在册职工 16.3 万人，其中在岗 10.6 万人，下岗 5.7 万人；混岗职工自 20 世纪 80 年代末到 90 年代中期就已全部下岗。

伊春市交通便利，以哈伊、伊鹤、伊嘉公路为主干线，林企公路、营林防火公路为支叉，总里程达 1.27 万多 km，公路网密度达到 3.2m/hm^2，形成以国省路为主骨架的省市相通、市县（区）相连、乡村林场相通的公路交通网。同时铁路运输也十分便利，铁路总营业里程达 273.55km。

三、森林资源

伊春林区（不含带岭）经营总面积 385.70 万 hm^2。林区总面积中，伊春林管局经营面积 341.57 万 hm^2，其中有林地面积 284.38 万 hm^2，无立木林地面积 6.69 万 hm^2，未成林地面积 3.91 万 hm^2，疏林、灌木林及苗圃 5.60 万 hm^2，其他土地面积 40.99 万 hm^2。全市森林覆被率为 80.3%，林管局为 83.4%。

---

① 本部分主要根据《中共伊春市委员会、伊春市人民政府、伊春林业管理局 关于伊春林区推进林权制度改革试点情况的汇报》（2006 年 4 月 19 日）整理。

伊春林管局经营范围内，活立木总蓄积 19701.94 万 m^3，总生长量为 751.89 万 m^3，天然林蓄积 17000.31 万 m^3，人工林蓄积 2701.63 万 m^3。

伊春林管局经营范围内，有林地面积 284.38 万 hm^2，蓄积 18781.48 万 m^3，其中幼龄林面积 89.20 万 hm^2，蓄积 4052.49 万 m^3，分别占有林地面积和蓄积的 31.4% 和 21.6%；中龄林面积 166.81 万 hm^2，蓄积 11621.34 万 m^3，分别占有林地面积和蓄积的 58.7% 和 61.9%；近熟林面积 21.98 万 hm^2，蓄积 2271.99 万 m^3，分别占有林地面积和蓄积的 7.7% 和 12.1%；成过熟林面积 6.38 万 hm^2，蓄积 835.66 万 m^3，分别占有林地面积和蓄积的 2.2% 和 4.4%。其龄组面积结构比例为幼：中：近：成过 =31：59：8：2，蓄积结构比例为幼：中：近：成过 =22：62：12：4。

第四节　试点林业局林改的基本情况

一、乌马河林业局林改的基本情况

乌马河林业局 1948 年开发，1950 年建局。位于黑龙江省北部，小兴安岭之东南坡，东与美溪林业局相依，北与五营、上甘岭、友好林业局毗连，西与翠峦、铁力林业局接壤，南与带岭、南岔林业局搭界。全局东西宽 48km，南北长 71km，局周界长 264km。

乌马河林业局现有施业区面积 12.25 万 hm^2，其中有林地面积 10.53 万 hm^2，活立木总蓄积 617.99 万 m^3，其中天然林蓄积 527.47 万 m^3，人工林蓄积 90.52 m^3，全局有林地平均公顷蓄积为 59 m^3，森林覆被率 86.2%。

乌马河林业局实行政企合一管理体制，全局辖 11 个林场所（其中 3 个林场、8 个经营所），总人口 3.8 万人，职工 8715 人，退休职工 3200 多人，企事业单位 50 多个。

乌马河林业局开发建设半个多世纪以来，曾为国家做出过突出贡献。截至 2006 年，累计为国家生产木材 1570 多万 m^3，锯材 120 多万 m^3，向国家上缴利税 2.1 亿多元，是国家同期投资的 5.2 倍。由于国家投资少，企业建设欠账过大，生产流动资金严重不足，全局固定资产净值 1.7 亿元，贷款总额 1.97 亿元，资产负债率 90.6%。随着森林资源的枯竭，企业的木材产量急剧下降，从最高年份的 79 万 m^3 下降到现在的 5 万 m^3。

早在 20 世纪 80 年代初期，乌马河林业局就开始亏损，企业办社会负担过重，每年仅文教、卫生、公、检、法正常支出就达800万元。截至2006年，全局共拖欠职工工资15个月，计2300万元，拖欠档案工资2428万元，总额近4728万元。拖欠独生子女费、差旅费、药费等1000多万元。企业现有的富余人员较多，存在隐性失业的状况。后备资源不足，森林资源锐减，几近无林可采。

乌马河林业局承包经营范围在乌马河所、伊林、伊东经营所3个经营所，在3个单位内确定承包对象是用材林和一般用材林中的幼龄林，郁闭度控制在0.4以下，中龄林控制在0.3以下，近成熟林控制在0.2以下，次生林控制在0.5以下或更大些。现共区划完成总面积4620.9 hm^2，林班47个，小班456个，约占乌马河施业区总面积的3.8%。

二、桃山林业局林改的基本情况

桃山林业局建于1960年，施业区总面积17.1万hm^2。其中有林地面积13.6万hm^2，活立木总蓄积706万m^3。在有林地中，幼龄林面积9.1万hm^2，蓄积428万m^3；中龄林面积4.0万hm^2，蓄积215万m^3；近熟林面积0.26万hm^2，蓄积32万m^3；成过熟林面积0.0134万hm^2，蓄积31万m^3。幼、中、近、成（过）的面积比例为67：30：2：1；蓄积比例为61：30：5：4，龄组结构严重失调，可采资源已经枯竭。

桃山林业局共有45个基层企事业单位，包括13个经营林场。林区总人口4.9万人，在册职工8261人，在岗职工4124人，下岗转岗分流职工4181人，国家一次性安置1771人，混岗集体与顶岗青年14864人，低保1830人。

20世纪90年代后期以来，“两危”加剧，企业处于困难境地。2001年起，主伐生产控制在2万m^3以内，企业唯一的主财源收入甚微，已成为黑龙江省40个森工企业中最困难的企业。

林权制度改革在神树、跃进、上呼兰3个林场进行试点。全局共完成林地承包面积19041.22hm^2，1956个小班，流转蓄积104.9万m^3，流转地块的平均公顷蓄积为55.09m^3。在承包林地面积中，上呼兰林场完成4799.95hm^2，跃进林场完成4282.35hm^2，神树林场完成9958.92hm^2。全局共签订合同1141户，1633人。其中3个试点林场在册职工计921人，参加林地承包经营的职工410人，占试点林场职工总数的45%。

三、翠峦林业局林改的基本情况

翠峦林业局位于小兴安岭南坡，伊春林区西部，始建于1950年，1953年

扩建为森林工业局，属政企合一体制。施业区面积 15.5 万 hm^2，其中有林地面积 13.99 万 hm^2。总人口 5 万人，在册职工 10034 人，在岗职工 6720 人，下岗职工 3314 人，一次性安置人员 1521 人。全局现有公、检、法、司、医疗、教育和公共事业等基层单位 47 个，其中林场（所）9 个。

全局共完成林地承包面积 15135.68hm^2，1422 个小班。签订合同交款 1351 份，1351 个小班，面积 14530.88hm^2，预留 71 个小班，面积 604.8hm^2。

四、铁力林业局林改的基本情况

铁力林业局于 1939 年开发，1946 年建局，基层单位 66 个，其中林场（所）12 个，总人口 7.4 万人。施业区总面积 20.4 万 hm^2，其中，有林地面积 17.25 万 hm^2，森林覆被率 84.5%。在有林地面积中，天然林面积 14.18 万 hm^2，占森林总面积的 82.3%，人工林面积 3.06 万 hm^2，占森林总面积的 17.7%。活立木总蓄积 1236 万 m^3。其中，森林蓄积 1165 万 m^3，疏林地蓄积 1 万 m^3，散生木蓄积 70 万 m^3。在森林蓄积中，幼龄林蓄积 169 万 m^3，中龄林蓄积 852 万 m^3，近熟林蓄积 99 万 m^3，成熟林蓄积 37 万 m^3，过熟林蓄积 8 万 m^3。天然林蓄积 930 万 m^3，人工林蓄积 235 万 m^3，分别占森林蓄积的 80% 和 20%。

确定了林改试点林场（所）3 个，全局完成林地承包面积 10112.42hm^2，参与林地承包的职工达到 1086 户，其中山上林场（所）职工 944 户，参与率达到 86.9%。

五、双丰林业局林改的基本情况

双丰林业局 1932 年开发，1953 年建局。施业区总面积 13.20 万 hm^2，其中有林地 10.2 万 hm^2。现有人口 3.2 万人，其中山上 1.05 万人，山下 2.15 万人。双丰林业局行政版图分属铁力、庆安、巴彦、木兰、通河五市县，局址设在铁力市镇内。双丰局山上有 11 个单位，其中 10 个林场（所），1 个农科所。

双丰林业局国有林地承包 2.09 万 hm^2，3279 个小班，2017 户，蓄积 178 万 m^3。实际承包户数 2017 户，其中 3 个试点林场（所）912 户，试点场所有意愿承包林子的职工群众全部承包到了林子。

第四章

森林资源经营状况评价

第一节　改革试点区森林资源概况

伊春国有林权制度改革试点在翠峦、双丰、桃山、铁力和乌马河 5 个具有代表性林业局中的15 个林场（所）进行，涉及林班462 个，小班9383 个。总试点面积 84278. 25 hm^2（截止 2007 年 8 月，实际完成承包经营 80340. 44 hm^2），其中有林地占总面积的98. 64%，无林地和疏林地等占总面积的1. 36%（见表4. 1）。试点区的有林地平均单位蓄积为61. 09 m^3。

试点林分中限伐林占总面积的37. 58%，禁伐林占总面积的34. 80%，商品林占总面积的26. 74%，其他林分占总面积的0. 88%（表4. 2）。说明试点林分的选取存在一定的问题，有很大一部分为公益林中的限伐林和禁伐林，对公益林的经营国家有严格的规程限制，这将严重影响承包户将来对其林分的经营和处置。

表4. 1　改革试点区各地类面积统计表　　单位：hm^2

林业局	有林地	无林地	疏林地	荒山	其他	合计
翠峦	14963. 93	0	238. 25	0	0	15202. 18
双丰	20901. 30	0	0	0	0	20901. 30
桃山	21337. 14	0	35. 20	1. 8	0	21374. 14
铁力	11141. 13	0	0	0	0	11141. 13
乌马河	14790. 60	87. 7	727. 70	0	53. 5	15659. 50
合计	83134. 10	87. 7	1001. 15	1. 8	53. 5	84278. 25

表 4.2　改革试点区各林种面积统计表　　单位：hm^2

林业局	林场	限伐林	禁伐林	商品林	其他	总面积
翠峦	北山	1513.95	232.75	960.44	0	2707.14
	翠峦河	1513.95	232.75	2147.91	236.80	3898.66
	幺河	3574.25	1831.63	3190.50	0	8596.38
双丰	曙光	5909.70	1710.10	1052.80	58.10	8730.70
	福民	2561.60	570.30	2252.80	100.60	5485.30
	茂林	2895.00	1976.60	1309.10	504.60	6685.30
桃山	上呼兰	3953.65	81.80	905.30	0	4940.75
	神树	1286.15	8418.97	2367.37	0	12072.49
	跃进	2090.30	1258.30	1012.30	0	4360.90
铁力	九连	779.07	3831.19	336.14	0	4946.40
	茂林河	0	306.90	2508.76	0	2815.66
	卫星	918.52	2016.86	443.69	0	3379.07
乌马河	乌马河	0	2509.00	791.40	12.50	3312.90
	伊东	1048.80	2966.20	2412.80	55.10	6482.90
	伊林	854.60	3722.20	601.30	1.10	5179.20
	育苗	432.30	5.00	245.60	1.60	684.50
合计		29331.84	31670.55	22538.21	970.40	84278.25

第二节　数据资料来源

所用数据源于2007年8月由国家林业局调查规划设计院、黑龙江省第二森林调查规划设计院和黑龙江省森林资源管理局联合发布的《黑龙江省伊春林权制度改革试点森林资源评价报告》，该报告采用遥感数据分析与现地抽样调查相结合方式，选定5个林业局的16个林场（所），抽取了208个林改小班和10个对比小班，收集伊春林权制度改革试点的森林资源调查档案数据和森林资源资产评估等各项资料。抽样小班的总面积2154.78 hm^2，占伊春林改总面积的2.56%。所用案例源于2007年11月和2008年8月对伊春5个试点林业局的调研访谈。

第三节　林木资源变化及造林质量

一、林木蓄积变化

国有林权制度改革后，森林资源蓄积的变化量不是很大（见表4.3、图4.1）。除乌马河林业局伊东经营所的抽样小班森林单位蓄积量有小幅下降外，其他林业局林场的抽样小班的森林单位蓄积量均有小幅上升。不过由于大部分林地完成试点承包经营还不到1年，其间还没有经过一个完整的轮伐期，因此此次调查得到的林改试点后森林资源没有受到破坏的结果还只能说明当前情况，不过对今后长期的影响仍具有参考意义。

根据抽样现地调查统计分析，抽样小班林木非正常消耗总蓄积为16.03m^3，林改前抽样小班的林木总蓄积为102242.1m^3，抽样小班林木蓄积非正常消耗率为0.0157%。

抽样小班林木非正常消耗总株数为122株，林改前抽样小班林木总株数为1442151株，林木株树非正常消耗率为0.0085%。说明林改对于打拉烧材和盗伐林木行为的发生具有比较明显的遏制作用。

表4.3　森林单位蓄积量变化

林业局	抽样小班	林改前单位蓄积（m^3/hm^2）	林改后单位蓄积（m^3/hm^2）
翠峦	幺河266~12	8.15	8.31
双丰	福民5~26	11.21	11.88
桃山	神树178~13	3.94	4.02
铁力	九连15~1	3.23	3.31
乌马河	伊东64~137	6.93	6.85

注：抽样小班编号中汉字为林场（所）名称，第1组数字为林班号，第二组数字为小班号。

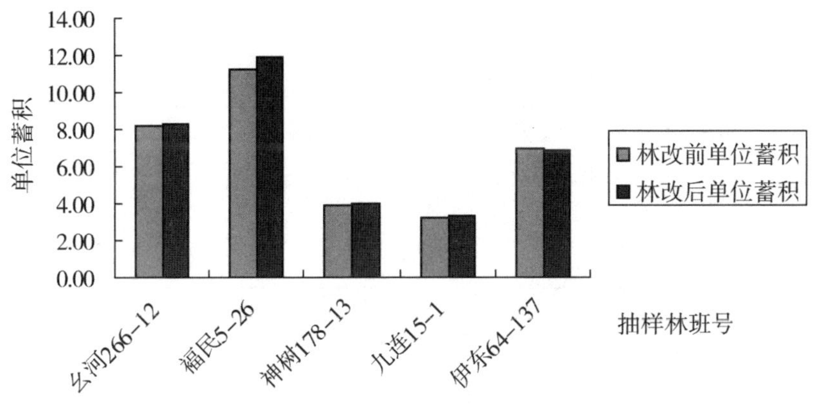

图 4.1 森林单位蓄积变化图

二、造林质量

过去国有林区一直是政府投资造林，效果很差，保存面积不到造林面积的一半，个别地方甚至达不到20%。近些年来，尽管加大这方面的工作力度，但总体上看距离规程标准仍有很大差距，实际保存率仍徘徊在60%左右。发展民有林后，由于产权明晰，激励机制发挥作用，造林成活率在90%以上，三年后的面积保存率100%。国有林权制度改革与发展民有林从本质上看都是所有权和经营权的分离，起到的效果应该是一致的。

专栏 4.1　桃山林业局发展民有林而提高造林质量

桃山局址附近的东山227林班，成为荒山秃岭后，由于坡度较大，造林难度大，离居民区较近，牲畜破坏幼苗比较严重，林业局曾连续5年造林不见林。2003年春季引入民营机制，吸纳民间资本36万元，营造了42.5hm^2落叶松和云杉，初植密度达到每公顷3300株，成活率达到了95%。目前桃山林业局已基本取消了国有造林，就是重点生态公益林区的应造林地块，也全部实行个人投入、自费造林，成林后由林业局收购或待实行林权制度改革后，按等价交换原则用现有商品林置换。

对林改后造林质量的评价可以从以下指标来考虑：

（1）造林合格率。抽样造林总面积为393.96hm^2，其中造林合格率大于

85%的面积为24.14hm²，造林合格率为87.2%，抽样对照小班造林密度和成活率见表4.4。

表4.4 抽样对照小班造林密度和成活率

林业局	林场（所）	林班	小班	面积（hm^2）	造林密度（株/hm^2）	成活率（%）
翠峦	幺河	254	12	31.0	—	—
		266	12	6.5	—	—
双丰	福民	50	26	2.7	2000	80.0
		50	4	6.5	2000	83.3
桃山	神树	203	2	13.4	2000	80.5
		203	1	12.4	2000	81.0
铁力	九连	15	18	14.0	—	—
		86	13	4.0	—	—
乌马河	伊东	59	2	5.8	3300	85.0
		52	3	7.1	3300	88.0

注：翠峦林业局和铁力林业局的对照小班中没有进行造林。

（2）退耕还林率。抽样小班中历史形成的小开荒耕地总面积30.96hm²，调查中退耕还林面积25.42hm²，退耕还林率82.12%。

（3）疏林地造林率。抽样小班疏林地总面积77.1hm²，全部进行了冠下造林和林中空地造林，疏林地造林率100%。

（4）林地流失率。调查中各林业局都没有发现林地流失现象，林地流失率为0。

（5）预期森林覆被增长率。试点区预期新增森林面积706.64hm²，试点区预期森林覆被增长率为0.84%。

（6）林冠下造林率。试点区已在各类林冠下造林总面积5640.7hm²，林冠下造林率6.79%。

（7）有林地利用面积增加率。试点区已在有林地中进行林中空地补植4211.52hm²，有林地利用面积增加率5.07%。

第四节　森林资源管护

国有林权制度改革后，承包户拥有了林地的使用权、林木的所有权和使用

权，产权虚置问题得以解决。承包户的森林管护积极性得以提高，自发组成联防队对承包林地进行有效管护。林改后在试点区内没有发生森林火灾以及林政案件。森林病虫害情况见表 4.5。由表 4.5 可知，林改后试点区的森林病虫害情况比林改前严重，这主要是由于 2007 年春季发生了严重的旱灾导致，与非林改区的对照小班相比，试点区的森林病虫害程度还是明显较轻，但也说明在森林病虫害防治方面的工作还需加强。

专栏 4.2　双丰林业局森林资源管护案例

双丰林业局地处农林交错区域，与 5 县（市）13 乡接壤，在施业区里有 10000 多农业人口居住，过去经常发生盗伐林木、打拉烧柴、剥桦树皮引火、掠夺性采集以及牛羊损害等问题，林政案件根本无法杜绝。林地承包到户后，职工像看护自己的“眼睛”一样管护自己的林子。职工刘爱民承包的林子，过去林业局造了 7 遍林，造了 20 多年都失败了，原因就是牛羊损害太严重。刘爱民承包造林后，每天早上 2 点多就到林子里看管，比农民放牛去的还早。在他的严格看管下，农民放牛再也不敢进林子了，到后来附近村屯的几户农民由于没有放牛场，牛都卖了。林子管不住的问题在改革后得到解决。

表 4.5　森林病虫害情况统计表

林业局	林改前		林改后	
	发生次数	涉及面积（hm^2）	发生次数	涉及面积（hm^2）
翠峦	3	26190	3	19220
双丰	3	2018	2	1176
桃山	1	1664	0	0
铁力	4	1618	3	3625
乌马河	0	0	3	27030
合计	11	31490	11	51051

第五节　森林资源经营

过去国有林区的林业一直是粗放经营，林业局组织的生产活动主要是采伐作业和更新造林、人工林抚育，只是从整体上有一个分类经营方案。集约经营虽有提出，但由于对林业进行集约经营措施比较复杂，需要的投入较大，现有的国有国营体制和管理机制很难做到，因此国有林区并未真正达到集约经营。而把森林资源流转给个人后，集约经营得到了有效实践。抽样调查表明，所有参与林改试点的小班都新编制了简明森林经营方案，森林经营方案编制率达到100%。依托林地资源，积极谋划短、中、长期发展项目。不过就此次国有林权制度改革来说，总的来看森林集约经营的水平是提高了，但这种提高是否具有广泛性，则需通过对承包户的造林抚育投资的调查来说明。

专栏4.3　国有林权制度改革后森林资源综合经营水平提高

桃山林业局神树林场下岗职工徐长思购买了33hm² 商品林后，立即请专业技术人员对其经营方案进行了细化，将山上部区划为用材林区，培育大径材；将红松相对集中的地块区划为种子林区，培育种子林；将山下部平坦地带区划为经济林区，除补植了落叶松外，还栽植了五味子，使有限的林地发挥了最大的生产力。双丰林业局职工在退耕还林地块和低产低价林改造地块营造的民有林，普遍实行了复合经营，从整地当年到植树后3年进行林粮、林菜间作，树长高了之后进行林药间作或与云冷杉绿化树间作，长短结合，既保证了林木的快速生长，又解决了育林者的近期收益问题，大大提高了林地生产力。桃山局上呼兰林场有一块早年个人营造的1.5hm² 落叶松林，非常有代表性，由于这是私有财产，经营者像侍弄自己的孩子一样抚育着这片林子，其生长量高达$12m^3/hm^2.a$，从林相上看，干直枝齐，修枝高度均等，林内卫生清洁，与周围树木东倒西歪，枝丫相互交织，枝头、枝丫遍地都是的国有林形成了鲜明的对照。

第六节　分析性结论

林木生长有其固有规律，从改革试点开始到评价还不到两年，在短时间内试点导致的资源变化有限，产生的生态效益还不明显。大部分林地完成试点经营还不到一年，其间没有经过一个完整的采伐季节，因此调查得到的林改试点后森林资源没有受到破坏的结果只能说明当前情况，对今后林改长期的影响只具有参考意义。

一、森林生态效益没有减少

承包林地的单位蓄积有小幅上升，且林木蓄积和林木株数的非正常消耗率都很低。这表明森林生态效益并没有因此次林权制度改革而减少。相反通过把森林资源交给林业职工承包经营，将有效地解决防火、护林、造林等一系列问题，森林的恢复发展速度将加快，林分质量也将大幅提高，森林生态系统的整体功能将进一步增强，森林涵养水源、保持水土、防风固沙的作用也将得到加强，不仅对于恢复和改善小兴安岭的生态环境起到决定性作用，而且对于保障松嫩平原和三江平原两大“粮仓”的安全，对于维持黑龙江和松花江两大水系及其流域的生态平衡，对于保障国家生态安全都将发挥重要作用。

二、森林资源管护的效果明显

试点林地多处于林农交错地带，过去在实行了管护承包责任制的情况下，管护的效果也不好。林改后，承包户的森林管护积极性得以提高，自发组成联防队对承包林地进行有效管护。林改后在试点区内没有发生任何森林火灾以及林政案件。

三、林分的选择与森林分类经营的区划发生了冲突

此次林改中，商品林只占总面积的26.74%。根据《黑龙江省伊春林权制度改革试点方案》的解释，林改是按照一沟一系一坡的自然界限集中连片区划的，但从森林分类经营现状来看，各类经营区交错分布，在同一沟系内既有禁伐区、限伐区，还有商品林区。于是，伊春市的做法是要森林分类经营区划服从于林改，其中蕴藏的含义就是现行的森林分类经营区划是很不成功的。解决办法有两种观点：其一，按照《黑龙江省伊春林权制度改革试点实施细则》，对森林分类经营区划进行适当调整，将“个别插花分布在生态公益林区内的职工个人所有的林木，可按等价交换原则，以商品林区的现有林予以置换”。这样做是为了职工开展后续经营，实质是调整现行的森林分类经营区划。其二，是将流转的禁伐区、限伐区直接转为商品林，调整伊春林管局的森林分类经营比例，这样做是为了缓解森工企业危困的加剧①，实质是增加商品

① 徐济德，关于伊春国有林权制度改革试点第三次省联席会议落实情况的调研报告，载于：伊春国有林权制度改革试点指导协调小组，国有林区林权制度改革实践与探索，北京：中国林业出版社，2008

林的区划面积，减少生态公益林的区划面积。

前面提到，国家对此次林改的基本要求应该是生态效益不减，但这是建立在流转的林地在商品林区的基础上的。如果林改地域范围的3/4发生在公益林区，则国家的生态效益不减的目标将受到严重威胁。增加商品林的区划面积是不可取的，但以此次国有林权制度改革作为重新区划分类经营的标准也不妥，不能说73%的生态公益林都划错了，何况这其中还包括禁伐区的重点公益林在内。

第五章

承包户投资及收入的调查研究

国有林权制度改革后承包户若要通过承包经营森林而增加收入，则其须做两项投资，一是购买林地使用权和林木所有权，即缴纳林地使用费和林木流转费，称为初始投资；二是在承包林地上追加投资，包括造林抚育投资和林下种植、养殖及采集等林下经济投资。造林抚育投资能够增加远期的收入；林下经济投资则可增加近期的收入。而国有林区的职工，其贫困程度不但高于城镇居民，甚至高于当地的农民①。这就要求对承包户收入的考察还必须结合对其投资能力的考察。本章主要考察承包户的追加投资，即造林抚育投资和林下经济投资。

第一节　造林抚育投资的经济收益分析

在我国集体林区推行了林权制度改革后，农民不但经营农地而且可以自主经营林地，投资农地和林地所获得的不同经济效率就有了更直接的比较了。崔平②对广西农民种植桉树与农作物的投资收益进行了比较，发现农民放弃甘蔗、水果、农作物而种植桉树，说明林业（造林）虽然具有生产周期长及投资风险大的不利因素但却具有比较高的收益能力。对造林投资经济收益的测算

① 张於倩、冯月琦、李尔彬，黑龙江省森工林区贫困问题研究，林业经济问题，2008，28（4）：310～313

② 崔平，林业投资效益评价——桉树与农作物比较，北京：中国林业出版社，2008

主要是采用内部收益率法①②③。

此外还有学者对投资工业原料林项目的收益率进行了测算。向志民、何敏④运用灰色多层次综合评判方法，对日本落叶松不同树龄木材理化性能及制纸浆质量和内部收益率进行综合评估。江泽平和夏军⑤通过对乌拉圭引进松树和桉树营建速生丰产林项目的研究，测得其年内收益率大约是14% ~17%。

对于森林资源投资，是采用静态评价方法，还是使用动态评价技术，即是否考虑投资过程中资金的时间价值问题，理论界争论一直较大。本文认为，作为一个评价原则，必须将静态方法和动态技术结合起来，综合考虑。但作为经济评价和决策依据的指标，应主要以动态计算为基础。从理论上看，利息在加强经济核算、调节社会产品的再分配上具有重要作用。按照经济核算的原则和要求，根据森林资源投资中的资金运动规律，以及森林资源再生产的有关理论，决定了应该以动态评价方法来评价森林资源投资效果。对于国有林权制度改革后承包户造林抚育投资所获的经济效率，本文采用静态和动态的方法分别进行测算。

一、基础数据

假设每户承包林地10hm^2，林地上生长天然林，其单位蓄积40m^3/hm^2，承包户在林地上人工种植落叶松，轮伐期20年。承包户购买的林木（天然林）价格为110元/m^3，林地有偿使用费为45元/hm^2. a。因此，承包户购买活立木需投入44000元、缴纳林地有偿使用费9000元、承包后更新造林抚育费用为45112.5元，具体情况见表5.1，其合计总投入为98112.5元。

---

① 詹黎锋、朱少洪、张兰花，造林投资经济效率测算分析，福建林业科技，2010，37（2）：131~135

② 郭艳芹，集体林权制度改革绩效分析——对福建省的实证研究，北京：中国农业科学技术出版社，2008

③ 彭伟、张旭、于新文、杨彦臣，桉树项目决策支持系统中一种经济分析指数的研究［J］，北京林业大学学报，2010，32（2）：189~193

④ 向志民、何敏，灰色多层次综合评判方法及其在林业系统中的应用，林业科技，1998，23（4）：13~17

⑤ 江泽平、夏军，乌拉圭林业的经验与启示［J］，世界林业研究，2004，17（2）：49~53

表 5.1 造林抚育投入 单位：元

项目	投入
购买活立木	44000.0
缴纳林地使用费	9000.0
更新造林	2554.5
苗木费	3300.0
幼林抚育	5697.0
割地整带	4482.0
透光抚育	5079.0
管护费	24000.0
合计	98112.5

假设承包林地上的天然林的中幼林平均生长率为 10.69%，主伐（20 年）时的生长量达到 860m^3，主伐时的蓄积达到 1260m^3。商品林出材率按 60% 计，主伐时生产商品材 756m^3。剩余的 40% 蓄积为 504m^3，其中小规格材占 10%，为 50.4m^3，枝丫材为 317 层积立方米。商品材销售价格按 700 元/m^3 计，小规格材销售价格按 400 元/m^3 计，枝丫材销售价格按每层积立方米 35 元计。因此，商品材销售收入 529200 元、小规格材销售收入 20160 元、枝丫材销售收入 11095 元。天然林的销售收入合计是 560455 元（表 5.2）。

假设林龄 20 年生的人工落叶松，平均胸径为 8cm，平均单株材积 0.0526m^3，每公顷保留株数按 2500 株计，它的公顷蓄积是 131.5m^3，如果按生产商品材计算，每公顷可产商品材 105.2m^3，小规格材 13m^3。人工落叶松的商品材的销售价格按 600 元/m^3 计、小规格材销售价格按 400 元/m^3 计，则人工落叶松的销售收入为 683200 元（表 5.2）。

承包后林地上的天然林和人工林销售收入合计为 1243655 元。

表 5.2 造林抚育收入 单位：元

森林类型	商品材	小规格材	枝丫材	合计
天然林	529200	20160	11095	560455
人工林	631200	52000	0	683200
合计	1160400	72160	11095	1243655

二、静态分析

用总收入 1243655 元减去前期投入的 98112. 50 元，经营者获利 1145542. 5 元，每年的获利是 57277. 12 元。按三口之家计算人均收入为 19092. 37 元。投入产出比例是 1：12. 6。

三、动态分析

（一）内部收益率法

内部收益率是反映投资效益的指标，它是指在某个时间点上，使经过贴现的投资流的现值等于贴现过的收益流的现值的那个贴现率。当一个项目的内部收益率大于给定的折现率时，就表明该项目的投资盈利能力高于社会或部门允许的最低获利水平，因而是可以接受的。另外，内部收益率也可以作为投资承受的最高贷款利率标准。内部收益率可以由下公式计算出：

$$\sum_{t=0}^{n}\frac{P_t}{(1+I)^t}=0$$

或

$$\sum_{t=0}^{n}\frac{R_t}{(1+I)^t}=\sum_{t=0}^{n}\frac{C_t}{(1+I)^t}$$

式中：I——使等式成立的选择变量，即所求的内部收益率；

P_t——第 t 年的净现金流量；

R_t——第 t 年的收入或正现金流量；

C_t——第 t 年的费用或负现金流量；

n——投资项目生产周期。

（二）研究假设

假设 1：不考虑主伐时的采运成本及税收。

假设 2：不考虑抚育间伐时的收入。

（三）研究结果

根据研究数据（表 5. 3），计算得出内部收益率为 15. 59%，远高于市场利率水平，说明造林抚育投资具有巨大的盈利能力。

表 5.3 内部收益率计算表

项目	年份	现金流量（元）	现值（元）		
			$I_1=12\%$	$I_1=14\%$	$I_1=16\%$
购买林地	0	-9000.0	-9000.0	-9000.0	-9000.0
购买活立木	0	-44000.0	-44000.0	-44000.0	-44000.0
整地割带	0	-4482.0	-4482.0	-4482.0	-4482.0
更新造林	1	-2554.5	-2280.9	-2240.8	-2202.0
苗木费	1	-3300.0	-2946.6	-2894.8	-2844.9
幼林抚育	2-4	-1899.0	-4072.5	-3867.3	-3676.8
透光抚育	10	-5079.0	-1635.4	-1369.8	-1151.4
管护费	1-20	-24000.0	-8963.3	-7947.7	-7114.6
主伐收入		1243655.0	128967.0	90538.1	63923.9
内部收益率	15.59%				

第二节 林下经济投资的调查

长期以来，林业职工由于没有真正属于自己的林业生产资料，增收致富渠道十分狭窄。林区在岗职工工资目前仍是处于较低水平，靠工资致富希望渺茫。按照这样的发展条件，伊春林区到2020年实现全面小康的目标更难以达到。通过林权改革，试点单位的承包职工真正拥有了归自己支配的生产资料。通过对森林资源制定科学发展规划、长中短期项目相结合、立体综合经营，发展林菌、林药、林果及特色种养业等林下经济。如乌马河林业局3个试点林场（所）发展林下经济职工户数达117户，职工平均年收入增加3000多元。翠峦林业局有172户确定了发展黑木耳、平贝、养鹿等近期项目，有55户确定了发展刺五加、五味子、近山参等中期项目，有112户确定了发展兴安落叶松、速生杨等长期项目。桃山局目前已在3个试点林场确定了林下经济示范户74个，林下经济的短期项目主要以栽培木耳、香菇等食用菌为主。

专栏 5.1　铁力林业局发展林下经济案例

铁力林业局林权制度改革过程中遵循《黑龙江省伊春市林业产权制度改革试点工作方案》和《黑龙江省伊春市林业产权制度改革试点实施细则》的要求，同时根据林业局自身的特点以及改革的需要，完善了相关制度，强化内业管理，先后组建了市场销售体系、技术培训指导体系、劳务服务体系、资金支持体系等，充分发挥了自营经济产供销服务公司的作用，实现承包户与市场的直接对接，建立了“基地 + 工厂 + 订单”的经营模式，同时大大提高了职工的技能素质、加强了与金融部门的联系、强化了业者之间的互助，一定程度上缓解了承包户追加投资能力弱的问题。

改革的过程中，铁力林业局注重发展林下经济，科学合理地编制林地多种经营方案，依据不同的地块林分因子、立地条件，认真总结当地森林经营和林下经济经验，采取了按户经营的方案，并指导承包户科学经营，最大限度地发挥林地的生产力，提高经营产出率。根据调查了解到，3 个试点林场（所）中中短期经济项目发展较快，而且规模显著，到 2008 年年底短期项目已有林下黑木耳、鲜蘑等经济作物，中期项目已有五味子、猪苓、人参等经济作物。

表 5.4　铁力林业局林下经济发展情况

项目	户数	规模
黑木耳	32	87 万袋
五味子	30	40hm^2
猪苓	15	1.13hm^2
人参	3	8hm^2
其他	2	—

资料来源：蒋焕、袁丽虹，对伊春市铁力林业局国有林权制度改革的调查分析，中国林业经济，2010（11）：34～38

专栏 5.2　桃山林业局职工发展林下经济案例

王德是桃山林业局神树林场青年，妻子是林场下岗职工。在林权制度改革前，主要靠货车运输维持生计。林改后以 13640 元承包了 6.75hm^2 林地，并以林地为依托，进行复合经营。其短期项目是栽植黑木耳，当年即能实现收益；中期项目是栽培五味子，三四年后会有收益；长期项目是栽植大青杨短周期原料林，10 年后会有收益。其投资及收益情况见表 5.5。

表 5.5　职工发展林下经济投资及收益

项目	投资（元）	收益（元）	说明
大青杨	6000	500000	5hm^2，7500 株
五味子	10000	1050000	1.5hm^2，15000 株
黑木耳	42000	600000	6 万袋
人工费	6500		
需继续投资	25500		森林抚育、五味子搭架和三年田间管理、秋后清理木耳袋
小计	64500	2150000	

资料来源：根据调研资料整理。

第三节　承包户投资及收入的实证研究

一、数据来源

所用数据来源于 2008 年 7 月对伊春林权改革调查的实际数据，调查的方法是以调查问卷的形式进行入户调查。调查问卷共有关于承包林地及林木的投资、造林抚育及林下经济的投资以及承包户收入等 3 个方面共 15 个问题。调查地点选择伊春市进行林改试点的双丰、铁力和翠峦 3 个林业局，这 3 个林业局承包经营的林地面积分别为 20901.3hm^2、11141.13hm^2、15202.18hm^2，合计为 47244.61hm^2，占此次林改总试点面积（84278.25hm^2）的 56%。共发放调查问卷 144 份，剔除有漏填的和前后矛盾的问卷后，回收有效问卷 118 份，有效率 82%。调查的样本具体分布见表 5.6。

表 5.6　调查样本分布情况

林业局	样本数（个）	比例（%）
双丰	51	43
铁力	47	40
翠峦	20	17
总计	118	100

二、承包林地及林木的投资

承包户对林地及林木的投资，即为购买林地使用权而缴纳的林地使用费和为购买林木所有权而缴纳的林木流转费，这是其参与林权制度改革的基本前提。调查表明，承包户平均需缴纳的林地使用费占其全部应交款的43%。承包户缴纳林地使用费有一次性缴纳、逐年缴纳和有收益时缴纳3种方式，并不是所有承包户都选择一次性缴纳的方式，因此承包户实际交款与应交款并不一致。从承包户实际交款情况（表5.7）看，有44%的承包户实际交款不足其应交款的60%。

表 5.7　承包户实际交款情况

交款比例	样本数（个）	比例（%）
0～20%	8	6.8
21%～40%	19	16.1
41%～60%	25	21.1
61%～80%	33	28.0
81%～100%	33	28.0
合计	118	100

承包户实际所交款中包括3个部分：一是自筹款，包括承包户家庭存款及其向亲戚朋友借款；二是抵顶拖欠工资款，即用以前林业局拖欠职工的工资来抵顶此承包经营款；三是向林业局无息借款。调查表明，19.5%的承包户所交款中全部为自筹款，而20.3%的承包户的自筹款为0，即其所交款全部为借款或抵顶工资款。54.2%的承包户使用了抵顶工资款。有49.2%的承包户向林业局借款，其中有6.8%的承包户其所交款全部为林业局借款。

三、造林抚育及林下经济投资

（一）投资规模

承包户进行追加投资的不多（表 5.8）。调查表明，仅有 28.8% 的承包户进行了造林抚育的投资，15.3% 的承包户为发展林下经济进行了投资，14.4% 的承包户同时进行了造林抚育和林下经济的投资。承包户在造林抚育上的平均投资额为 1737 元，在林下经济上的平均投资额为 1847 元。如果剔除没有投资的承包户，有投资的承包户在造林抚育和林下经济上的投资额分别为 6028 元和 12106 元。

表 5.8　承包户造林抚育和林下经济投资情况

项目	无投资		有投资		平均投资额/（元）	有投资户平均投资额（元）
	户数（户）	比例（%）	户数（户）	比例（%）		
造林抚育投资	84	71.2	34	28.8	1737	6028
林下经济投资	100	84.7	18	15.3	1847	12106
造林抚育及林下经济投资	101	85.6	17	14.4	—	—

（二）林地特征与承包户投资的关系

对林地特征的考察有 2 个变量：承包林地的面积和离家距离。承包林地的面积分为 3 组：$10hm^2$ 以下、10～$20hm^2$、$20hm^2$ 以上，从表 5.9 可知，承包户的造林抚育投资、林下经济投资以及同时投资行为与林地面积呈反向关系：承包地面积越小，投资行为的比例越大。承包地离家距离分为 2 组：≤10km、>10km，从表 5.10 可知，承包户的造林抚育投资、林下经济投资以及同时投资行为与林地离家距离呈反向关系，林地离家越近，投资行为的比例越大。

表 5.9　林地面积与承包户投资

按林地面积分组		造林抚育投资	林下经济投资	造林抚育及林下经济同时投资
$<10hm^2$	户数（户）	20	11	10
	比例（%）	58.9	61.1	58.8

续表

按林地面积分组		造林抚育投资	林下经济投资	造林抚育及林下经济同时投资
10～20hm²	户数（户）	13	6	6
	比例（%）	38.2	33.3	35.3
>20hm²	户数（户）	1	1	1
	比例（%）	2.9	5.6	5.9

表 5.10　林地离家距离与承包户投资

按离家距离分组		造林抚育投资	林下经济投资	造林抚育及林下经济投资
≤10km	户数（户）	24	13	12
	比例（%）	70.6	72.2	70.6
>10km	户数（户）	7	5	5
	比例（%）	29.4	27.8	29.4

（三）交款比例与承包户投资的关系

承包户实际交款比例在一定程度上可以反映其投资能力，从表 5.11 可知，交款比例在 21%～40% 和 81%～100% 的 2 组承包户的投资比例较高。交款比例低于 20% 的承包户可以认为是比较贫困的，这些承包户既无林地的投资能力亦无追加投资的能力。交款比例在 21%～40% 之间的承包户，是把有限的资金中的大部分用到了追加投资上来了。而交款比例在 81%～100% 的承包户一般有较强的经济实力，其追加投资的能力也较高。

表 5.11　交款比例与承包户投资

交款分组		造林抚育投资	林下经济投资	造林抚育及林下经济同时投资
0～20%	户数（户）	3	0	0
	比例（%）	8.8	0	0
21%～40%	户数（户）	13	9	9
	比例（%）	38.2	50	52.9

续表

交款分组		造林抚育投资	林下经济投资	造林抚育及林下经济同时投资
41% ~60%	户数（户）	5	2	2
	比例（%）	14.7	11.1	11.8
61% ~80%	户数（户）	3	2	2
	比例（%）	8.8	11.1	11.8
81% ~100%	户数（户）	10	5	4
	比例（%）	29.5	27.8	23.5

四、林改后收入

对承包户收入的调查与其他文献①在统计农户收入的方法上有所不同：一是为简单起见，没有调查财产性收入和转移性收入；二是将打工收入从工资收入中剥离出来，单独调查。这样，由于财产性收入和转移性收入很少，假设总收入由林业局工资收入、打工收入和家庭经营收入 3 部分构成。其中林业局工资收入反映的是承包户对国有森工企业的依赖程度；打工收入反映的是当地为承包户创造其他就业机会的能力；家庭经营收入实际上不但包括发展林下经济获得的收入，还包括承包户其他经营活动获得的收入（如经营食杂店等），但它大致是能够反映承包户从其承包林地上的获益情况的。为便于比较分析，调查了林改前 1 年（2005 年）和林改后 2 年（2006 年和 2007 年）承包户的总收入及各部分构成情况（表 5.12）。

表 5.12　承包户收入及构成　　单位：元、%

年份	总收入		工资收入		打工收入		家庭经营收入	
	数额	比例	数额	比例	数额	比例	数额	比例
2005	10916	100	5383	49.3	797	7.3	4736	43.4
2006	13419	100	6063	45.2	825	6.1	6531	48.7
2007	16606	100	6824	41.1	1010	6.1	8772	52.8

调查表明，林改后承包户所在林业局的工资收入的比例呈下降趋势，而家

① 蔡昉、王德文、都阳等，农村发展与增加农民收入，北京：中国劳动社会保障出版社，2006

庭经营收入的比例则呈上升趋势，承包户林改后的2006年和2007年家庭经营收入在总收入中所占比例比林改前的2005年分别高出4.3和9.4个百分点，而林业局工资收入的比例则分别下降了4.1和8.2个百分点，说明承包户对林业局的依赖逐渐减轻，而各种形式的家庭经营成为承包户增收的主要途径。

五、分析性结论

（一）承包户投资能力不强

从调查数据统计分析结果看，承包户的初始投资能力和追加投资能力都不强。承包户缴纳的林地使用费和林木流转费，无论是实际交款比例还是实际交款中的自筹款比例，都比较低。林业局的无息借款对于此次林权改革的顺利进行至关重要。如果说从林业局无息借款在一定程度上缓解了承包户初始投资能力不强的问题，那么承包户在林地上的追加投资能力不足的问题则找不到合适的途径得到解决。调查表明，一部分进行了追加投资的承包户采取的办法是：将其有限资金中的大部分置于追加投资，而将小部分资金置于初始投资，初始投资不足部分则向林业局借款予以补足。但是从林业局借款，作为一种融资渠道所起的作用毕竟是有限的，而从银行贷款应该在后续改革配套政策中落实，并成为今后承包户进行追加投资的主要融资渠道。

（二）林地特征对承包户的追加投资有影响

承包户更倾向于在10hm^{2}以下的林地上进行造林抚育或林下经济投资。这说明家庭经营林地由于承包户的资金有限，其在更大面积的林地上进行追加投资的能力也非常有限。林地的家庭经营在目前承包户资金有限的情况下，与规模经营的要求是背道而驰的。承包户也更愿意在离家近的林地上进行追加投资，这个道理是不言而喻的。这说明目前还不能将国有林区全部商品林都承包给职工经营，必须考虑到承包户经营林地的方便性（如交通等）问题，在后续的扩大试点范围的改革中，仍然必须贯彻“浅山区”这一原则。山下（住在局址附近）职工参与林权改革，由于其承包的林地离家较远，可考虑到委托经营的方式。

（三）林改对承包户收入的提高有较大的贡献

承包户在林改后的2006年和2007年，其家庭收入比上一年度分别增加了

2503元和3187元，这与其他文献中①②所提到的承包户家庭年均实现增收3500元大致相符。从收入的结构上来看，2006年增收的2503元中，林改的贡献是1795元，占72%；2007年增收的3187元中，林改的贡献是70%。

（四）承包户短期内的收入仍然要依赖于林业局的工资

承包户从林业局得到的工资仍然占其全部收入的40%以上，说明林改只是减轻了林业局的负担，但并没有完全卸掉企业冗员的负担。承包户家庭成员打工收入不足8%，相比之下，2005年中国农村居民外出劳务的收入占其总收入的比例是25.4%。说明国有林区的经济环境不容乐观，难以提供更多的就业机会去满足承包户打工的需要。无论是当地的经济环境，还是承包户的思想观念，都使得承包户目前仍不得不指望林业局，伊春国有林区的森工林业局，作为政企合一的单位，在一定时期内还必须担负起促进职工增收的任务。只有当地经济环境得到改善，就业机会增多，林业局的压力才有可能减轻。

（五）林改后承包户林下经济投资的收益有所显现

林改后承包户造林抚育投资属于长期投资，其收益不可能在短期内得到体现。而承包户林下经济投资属于短期投资，其投资收益体现在家庭经营收入占总收入的比例已经提高，而且家庭经营收入本身在林改后的2年里也是逐渐增加的，这给此次林改带来的积极信号是“以短养长”这个经常被提到并被寄予厚望的致富途径有了统计上的支持，也给改革的设计者和参与者以坚定的信心。

---

① 许兆君，积极稳妥推进国有林权制度改革从根本上激发林区发展动力，林业经济，2007（9）：14～18

② 雷加富，深入推进伊春国有林权改革试点努力探索国有林区改革发展新路径，林业经济，2007（9）：7～9

第六章

承包户投资行为的影响因素分析

对国有林权制度改革的调查实证研究，主要集中于改革取得的成效及存在的问题。世界上的任何制度变迁都会以是否能够实现“帕累托最优”为检验标准，就这一标准，温铁军①认为伊春的国有林权制度改革体现出“帕累托最优”，而李周②则认为林权改革不属于帕累托改进，但可以通过补偿使之成为卡尔多改进。林改取得的成效可以分解为 2 个简单的指标：一是是否提高用材林的蓄积量，二是是否增加了职工的收入。对于前者，有文献引用 2006 年和 2007 年春季造林的面积 8312 hm^2 和成活率 98% 以上来证明林改取得了积极的成效③④。对于后者，则有文献引用对 2006 年春季首批参加承包的 500 户职工的调查，通过发展林下经济，平均每户实现增收 3500 元以上⑤。

林改过程中存在的急需解决的关键性问题主要有：具有法律效力的林权证

① 温铁军，国有林区改革的困境和出路，林业经济，2007（9）：23～26

② 李周，如何看待业内人士对林权改革的不同声音，中国林业产业，2008（5）：65～67

③ 雷加富，深入推进伊春国有林权改革试点努力探索国有林区改革发展新路径，林业经济，2007（9）：7～9

④ 许兆君，积极稳妥推进国有林权制度改革从根本上激发林区发展动力，林业经济，2007（9）：14～18

⑤ 刘世佳、华景伟，伊春市国有林区林权制度改革的调查与思考，林业经济，2007（9）：48～52

的发放①②③、林地承包费的公平性④⑤、商品林采伐限额对更新造林的约束⑥等。林改中承包户所反映的这些问题，必将影响到改革的成效。换句话说，承包户的造林抚育和发展林下经济的行为，将受到各种因素的影响。尽管现有研究已经就林改的成效和存在的问题进行了调查研究，但未能运用回归模型实证地研究承包户后续经营投资的行为及其影响因素。而只有通过回归模型，才能科学地找出显著影响承包户投资行为的因素。本章研究的基本思路是：系统分析并整理出有可能影响承包户后续经营投资行为的各种因素，然后构建 Logistic 回归模型，得出并分析对承包户后续经营投资行为有显著影响的因素，并就此提出对策建议。

第一节　调查方法及样本的基本情况

一、调查方法

本研究数据是以调查问卷的形式通过入户调查得到，分别于 2007 年 11 月和 2008 年 7 月组织两次调查。调查问卷共有 18 个问题。调查地点选择伊春市国有林权制度改革试点的 5 个林业局，分别是乌马河林业局、双丰林业局、铁力林业局、翠峦林业局和桃山林业局。调查对象是参加林权制度改革的职工，既包括住在山上林场的职工，也包括住在山下居址的职工。最后一次调查发放问卷 220 份，回收有效问卷 195 份，有效率 88.64%。调查样本的具体分布见表 6.1。

---

① 贾强、宛利、林阿楠等，国有林权制度改革方向明路难行，黑龙江金融，2007（7）：26 ~ 27

② 张蕾、戴广翠、陈学群，伊春林权制度改革试点百户职工调查实证分析，林业经济，2007（9）：27 ~ 30

③ 黑龙江省科学顾问委员会农业生态专家调研组，伊春国有林区林权改革试点调研报告，林业经济，2007（9）：56 ~ 58

④ 张蕾、戴广翠、陈学群，伊春林权制度改革试点百户职工调查实证分析，林业经济，2007（9）：27 ~ 30

⑤ 李纯厚，伊春市国有林权制度改革问题的思考——以翠峦林业局为例，今日科苑，2007（11）：12

⑥ 伊春市政府国有林业产权制度改革研究课题组，乌马河林业局实施林权制度改革的调查，林业经济，2007（9）：53 ~ 55

表 6.1 调查样本分布情况

林业局	样本数（个）	比例（%）
乌马河	24	12.3
双丰	51	26.2
铁力	48	24.6
翠峦	39	20.0
桃山	33	16.9
总计	195	100

二、样本的基本情况

此次调查的对象主要是承包户的户主，其中以男性居多，占总数的76.4%，女性占23.6%；户主年龄以30~44岁为主，占总数的67.7%；户主的文化程度以高中学历居多，占总数的42.1%；承包户的家庭规模多为3人，占总数的81.5%；承包户的家庭月收入多为600~1000元，占总数的64.6%（见表6.2）。

表 6.2 样本的基本特征统计

个人特征	类别	人数（个）	比例（%）
户主性别	男	149	76.4
	女	46	23.6
户主年龄	29岁以下	2	1.0
	30~44岁	132	67.7
	45~59岁	57	29.2
	60岁以上	4	2.1
家庭月收入	小学及以下	8	4.1
	初中	57	29.2
	高中	82	42.1
	大中专及以上	48	24.6

续表

个人特征	类别	人数（个）	比例（%）
家庭人口	2人	11	5.6
	3人	159	81.5
	4人	17	8.7
	5人	8	4.1
家庭月收入	600元以下	41	21.0
	600~1000元	126	64.6
	1001~2000元	23	11.8
	2001~3000元	3	1.5
	3001~5000元	0	0
	5000元以上	2	1.0
兼业状况	无兼业	115	59.0
	有一项兼业	75	38.5
	有两项兼业	5	2.6

第二节　调查结果分析

一、承包户的认知情况

承包户对林权制度改革的认知程度反映了承包户对林权制度改革的态度和对未来收益的信心。调查结果显示，承包户对此次国有林权制度改革有很大程度的了解，仅有2.6%的承包户回答不了解。而对承包林的预期收益，有10.8%的承包户不看好，有48.7%的承包户认为很好，有40.5%的承包户则认为一般。

二、林权改革相关政策

林权改革中，有几项政策是承包户反映比较强烈的，如林权证的发放、森林经营方案的约束、采伐限额政策以及林地使用费政策等。调查结果显示，63.6%的承包户对目前林权证不能发放表示出不满，而对编制森林经营方案这一政策，则有81.5%的承包户表示认可。对于采伐限额政策和林地使用费政策，则各有近一半的承包户表示接受（见表6.3）。

表6.3　承包户对林改政策的态度

项目	林权证政策	森林经营方案政策	采伐限额政策	林地使用费政策
不合理（户）	124	36	100	96
比例（%）	63.6	18.5	51.3	49.2
合理（户）	71	159	95	99
比例（%）	36.4	81.5	48.7	50.8

三、承包林地特征

调查发现，承包户所承包的林地面积在10hm^2以下和10～20hm^2这两组中所占比例较大，超过20hm^2的林地仅占3.1%。承包林地离家距离多在10公里以内。承包林地的立地质量等级从低到高分为Ⅴ级、Ⅳ级、Ⅲ级、Ⅱ级、Ⅰ级共5级，每级的承包户数大致相同。承包林地的特征情况见表6.4。

表6.4　承包林地特征情况

林地特征	类别	人数（户）	比例（%）
林地面积	$<10\text{hm}^2$	85	43.6
	10～20hm^2	104	53.3
	$>20\text{hm}^2$	6	3.1
离家距离	<5km	59	30.3
	5～10km	68	34.9
	10～20km	36	18.5
	>20km	32	16.3
立地质量	Ⅴ	37	19.0
	Ⅳ	41	21.0
	Ⅲ	47	24.1
	Ⅱ	34	17.4
	Ⅰ	36	18.5

四、试点林业局木材产量

林权改革试点的5个林业局的木材产量都大幅调减，2006年各林业局的木材产量见表6.5。

表6.5 林权改革试点局2006年木材产量　　单位：万 m^3

林业局	乌马河	双丰	铁力	翠峦	桃山
木材产量	5.0	3.9	6.8	6.5	2.0

第三节　承包户后续经营投入行为影响因素分析

一、研究假设

如前所述，林改中有不到一半的承包户进行了后续的造林和抚育投入，而进行林下经济投入的承包户则不到三分之一。承包户作为微观经济主体自身的差异及其所面对的各种限制条件是决定承包户进行后续经营投入的影响因素，基于此，本研究提出如下假设：

（1）承包户的个人特征和家庭特征对其后续经营投入有影响。承包户户主的年龄和性别对其后续经营投入有影响，但不明确。户主文化程度及其兼业状况以及承包户家庭规模和家庭月收入等与承包户后续经营投入行为应成正相关。

（2）林权制度改革相关政策对承包户后续经营投入有影响。承包户越是认为林权证发放政策、森林经营方案政策、采伐限额政策和林地使用费政策不合理，就越是不愿意进行后续经营投入。

（3）承包林地的特征对承包户后续经营投入有影响。承包林地的面积对承包户后续经营投入会有影响，但不明确。承包林地离家距离以及立地质量等级与承包户后续经营投入行为应成负相关，即承包林地离家越远、立地质量越好，承包户进行后续经营投入的可能性越小。

（4）承包户对林改的认知程度对其后续经营投入有影响。承包户对林改的了解程度和对承包林的预期收益与其后续经营投入行为应成正相关，即承包户对林改越了解，对承包林的预期越大，就越有可能进行后续的经营投入。

（5）承包户所在林业局的木材产量对其发展林下经济投入有影响。林业局的木材产量对承包户造林抚育投入不会有影响，但却会对承包户发展林下经济投入有影响，而且应成正相关，即林业局木材产量越高，承包户就越有可能进行林下经济投入。

二、变量的选择与赋值

基于前面的分析可知，承包户是否进行造林抚育投入和发展林下经济投入受承包户个人特征变量、林权制度改革政策变量、承包林地特征变量、承包户对林改认知变量以及其他外部因素变量等影响。考虑到有些变量之间存在相关性，应尽可能选择有代表性的因素，各解释变量的具体说明如表 6.6 ~ 表 6.11 所示。

表 6.6　因变量的选择与赋值

变量	代码	取值范围	赋值说明
造林及抚育投入	Y_1	0 ~ 1	0 = 否；1 = 是
林下经济投入	Y_2	0 ~ 1	0 = 否；1 = 是

表 6.7　林改政策变量的选择与赋值

变量	代码	取值范围	赋值说明	预期相关性
林改宣传状况	X_1	0 ~ 1	0 = 不到位；1 = 到位	+
林权证政策	X_2	0 ~ 1	0 = 不合理；1 = 合理	+
森林经营方案政策	X_3	0 ~ 1	0 = 不合理；1 = 合理	+
采伐限额政策	X_4	0 ~ 1	0 = 不合理；1 = 合理	+
林地使用费政策	X_5	0 ~ 1	0 = 不合理；1 = 合理	+

注：+表示正相关。

表 6.8　承包林地特征变量的选择与赋值

变量	代码	取值范围	赋值说明	预期相关性
承包地面积	X_6	1 ~ 3	1 = < 10hm²；2 = 10 ~ 20hm²；3 = > 20hm²	?
承包地离家距离	X_7	1 ~ 4	1 = < 5km；2 = 6 ~ 10km；3 = 11 ~ 20km；4 = > 20km	−

续表

变量	代码	取值范围	赋值说明	预期相关性
承包地立地等级	X_8	1～5	1 = Ⅴ；2 = Ⅳ；3 = Ⅲ；4 = Ⅱ；5 = Ⅰ	－

注：－表示负相关、? 表示相关性不明。

表 6.9　户主特征变量的选择与赋值

变量	代码	取值范围	赋值说明	预期相关性
年龄	X_9	连续变量		?
性别	X_{10}	0～1	0 = 女；1 = 男	?
家庭人口	X_{11}	连续变量		+
文化程度	X_{12}	1～4	1 = 小学及以下；2 = 初中；3 = 高中；4 = 大中专及以上	+
家庭月收入（元）	X_{13}	1～6	1 = <600；2 = 600～1000；3 = 1001～2000；4 = 2001～3000；5 = 3001～5000；6 = >5000	+
兼业状况	X_{14}	0～3	0 = 无兼业；1 = 有一项兼业；2 = 有两项兼业；3 = 有三项及以上兼业	+

注：+表示正相关、? 表示相关性不明。

表 6.10　对林改认知变量的选择与赋值

变量	代码	取值范围	赋值说明	预期相关性
对林改的认识	X_{15}	0～3	0 = 不了解；1 = 有点了解；2 = 较了解；3 = 很了解	+
对承包林的预期收益	X_{16}	0～2	0 = 不好；1 = 一般；2 = 很好	+

注：+表示正相关。

表 6.11　其他外部因素变量的选择与赋值

变量	代码	取值范围	赋值说明	预期相关性
地区虚拟变量	X_{17}	1~5	1 = 乌马河；2 = 双丰；3 = 铁力；4 = 翠峦；5 = 桃山	+
所在林业局木材产量	X_{18}	连续变量		+

注：+表示正相关。

三、模型的选取

通过以上分析，承包户造林抚育投资和发展林下经济投资的意愿实际上都是二分类问题，即被调查者在回答“有无造林抚育投资”和“发展林下经济投资”时只有“是”和“否”两种选择。而对于二分类问题，Logistic 模型是一种比较适合的分析方法。Logistic 回归模型能确定解释变量 X 在预测分类因变量 Y 发生概率时的作用和强度。假定 X_{kj} 是自变量，P_k 是模型的响应概率，建立相应的回归模型如下：

$$Ln\left(\frac{P_k}{1-P_k}\right) = \alpha + \sum_{k=1}^{n}\beta_k X_{kj} \tag{6-1}$$

6-1 式中，P_k 为在给定系列自变量 X_{1i}，X_{2i}，…，X_{ki} 的数值时事件的发生概率，$i=1$，2，……，n，$P_k = P$（$y_i = 1$，X_{1i}，X_{2i}，…，X_{ki}），α 为截距，为斜率。

发生事件的概率是一个由解释变量 X_{ki} 构成的非线性函数，其表达式如下：

$$P = \frac{\exp(\alpha + \beta_1 X_{k1} + \beta_2 X_{k2} + \cdots + \beta_n X_{kn})}{1 + \exp(\alpha + \beta_1 X_{k1} + \beta_2 X_{k2} + \cdots + \beta_n X_{kn})} \tag{6-2}$$

发生比率（odds ratio）是反映两个二分类变量之间关系的指标，被用来度量某自变量对因变量效应影响程度的大小。其含义是：在其他自变量固定不变的情况下，某一自变量 x_j 改变一个单位，因变量的发生比平均改变 $exp(b_j)$ 个单位。自变量可以是无序或有序多项分类变量、二项分类变量、区间变量。同时，与概率相比，概率的上限值为 1，而发生比率没有确切的上限值，因而发生比率在倍数比较方面具有更多优点。发生比率的计算公式为：

$$odd(p) = \exp(\alpha + \beta_1 X_1 + \beta_2 X_2 + \cdots + \beta_n X_n) \tag{6-3}$$

Logistic 回归模型的拟合能力可以通过回归系数、回归系数的标准差、回

归系数的 Waldχ^2 统计量表示模型中每个解释变量的相对权重，用来评价每个解释变量对事件预测的贡献力。HL（Homsmer－Lemeshow）指标用于 Logistic 回归模型拟合优度的检验。当 HL 指标统计显著时，表示模型拟合不好；相反，当 HL 指标统计不显著时，表示模型拟合较好。

为此，本研究以承包户是否进行造林抚育投资和发展林下经济投资作为因变量，以林改政策变量、承包林地特征变量、户主特征变量、对林改认知变量以及其他外部因素变量为自变量，分别进行 Logistic 模型回归。

四、实证分析结果与讨论

（一）模型运行结果

本研究运用 SPSS13.0 统计软件对样本数据进行 Logistic 回归处理。首先将因变量 Y_1 和自变量引入回归方程，对回归系数进行显著性检验，得到承包户造林抚育投入的回归模型，称模型一。然后将因变量 Y_2 和自变量引入回归方程，对回归系数进行显著性检验，得到承包户林下经济投入的回归模型，称模型二。需要说明的是，林业局木材产量这一变量作为自变量引入到模型二中，但没有引入到模型一中。这样处理是考虑到承包户在林下栽植木耳是一种较为常见的林下经济行为，而栽植木耳在某些林业局受到原材料（锯末子）的限制，林业局的木材产量直接影响到该地区锯末子的供给，因此对承包户发展林下经济会有影响，但对承包户造林抚育行为则不会有影响。在 Logistic 回归处理时，采用后向筛选法处理数据。首先，将所有变量引入回归方程，进行回归系数的显著性检验，然后，将 Wald 值最小的变量剔除，再进行回归，直到所有的变量都显著为止。从模型的运行结果看，模型整体检验基本可行，模型的总体拟合度效果较好。最后的估计结果见表 6.12 和表 6.13。

表 6.12　承包户造林抚育投入的 logistic 模型回归结果

自变量	B	S. E.	Wald	df	Sig.	Exp（B）
林权证政策	1.036	0.383	7.300	1	0.007***	2.818
森林经营方案政策	1.475	0.532	7.686	1	0.006***	4.371
林地使用费政策	−1.047	0.372	7.926	1	0.005***	0.351
承包地立地等级	−0.392	0.133	8.726	1	0.003***	0.676
户主文化程度	−0.370	0.212	3.049	1	0.081*	0.691

续表

自变量	B	S. E.	Wald	df	Sig.	Exp（B）
家庭月收入	0.484	0.241	4.041	1	0.044**	1.622
地区虚拟变量	0.519	0.167	9.705	1	0.002***	1.680
Constant	-1.731	1.252	1.912	1	0.167	0.177
预测准确率	70.3%					
-2 Log likelihood	217.614					
Nagelkerke R Square	0.295					
Sig.	0.000					

注：*表示在0.1水平上显著；**表示在0.05水平上显著；***表示在0.01水平上显著。

表6.13　承包户林下经济投入的logistic模型回归结果

自变量	B	S. E.	Wald	df	Sig.	Exp（B）
林权证政策	1.213	0.490	6.131	1	0.013**	3.364
采伐限额政策	-1.181	0.504	5.489	1	0.019**	0.307
承包地面积	-0.905	0.397	5.200	1	0.023**	0.404
承包地离家距离	-0.618	0.235	6.916	1	0.009***	0.539
承包地立地等级	-0.380	0.157	5.860	1	0.015**	0.684
性别	-0.887	0.437	4.113	1	0.043**	0.412
兼业状况	1.106	0.390	8.062	1	0.005***	3.023
地区虚拟变量	0.509	0.172	8.763	1	0.003***	1.664
林业局木材产量	0.336	0.135	6.211	1	0.013**	1.399
Constant	-0.289	1.398	0.043	1	0.836	0.749
预测准确率	77.9%					
-2 Log likelihood	167.835					
Nagelkerke R Square	0.403					
Sig.	0.000					

注：*表示在0.1水平上显著；**表示在0.05水平上显著；***表示在0.01水平上显著。

（二）讨论

表6.12和表6.13的回归结果表明，有许多因素影响承包户造林抚育投入

和林下经济投入。

（1）林改政策变量对承包户后续经营投入的影响。① 林权证政策对承包户造林抚育投入和林下经济投入都有显著影响。林权证政策与承包户造林抚育投入和林下经济投入都成正相关。这与本研究的假设一致。调研中也发现承包户非常关注林权证的发放，不仅将林权证看做是自己承包林地的法律凭证，而且还将盘活林地林木资产争取金融机构贷款进而进行后续投入的希望寄托于林权证上。所以，林权证政策严重地影响着承包户的后续投入行为。②森林经营方案政策对承包户造林抚育投入有显著影响，而对林下经济投入没有显著影响。林改要求每个承包户编制森林经营方案，这得到承包户的认可，但承包户不被允许改造低价值林被认为是森林经营方案政策的不足，它制约了承包户的造林和抚育投入。③ 采伐限额政策对承包户林下经济投入有显著影响，而对造林抚育投入却没有显著影响。这似乎有悖于常理，但通过调研不难发现其中的道理。承包户伐去低价值林的目的有两个，一是营造目的树种获取远期的木材收益，二是扩大林下种植面积获取近期的林下经济收益。由于承包户并没有打算采伐林木获取近期的木材收益，因此采伐限额政策只是影响承包户近期获取林下经济的收益，并进而对其投入行为有影响。而采伐林木获取木材收益是一个远期目标，承包户期待在未来的时间里这一问题会得到解决，因此它对现在的造林抚育投入行为还没有显著影响。④ 林地使用费政策对承包户的林下经济投入无显著影响，但对承包户的造林抚育投入有显著影响，而且成负相关。这种负相关的关系意味着承包户越是认为林地使用费政策不合理，就越是愿意造林抚育。这似乎令人难以置信。造成这种结果的原因可能是承包户对林地使用费政策的理解有偏差，一方面，承包户认为收取林地使用费不合理，另一方面，又对林业局缓收其林地使用费的政策表示欢迎。所以，那些回答林地使用费政策合理的承包户可能表达意思是缓收林地使用费的政策合理。

（2）承包林地特征变量对承包户后续经营投入的影响。① 承包地的面积和离家距离对承包户林下经济投入有显著影响，且成负相关。即承包地的面积越大、离家距离越远，承包户越不愿意进行林下经济投入。② 承包地的立地等级对承包户的造林抚育投入和林下经济投入都有显著影响，且成负相关。即承包地的质量越好，承包户就越不愿意进行后续经营投入。就造林投入来说，承包地质量差，承包户就需要更多的追加投入。就发展林下经济来说，如果承包地的质量好，单位蓄积量高，那么承包户就很难找到空地种植木耳或五味子

等，也不舍得伐去长势较好的林木来发展林下经济，况且这样做也受到采伐限额和森林方案等政策的限制。

（3）户主个人特征和家庭特征变量对承包户后续经营投入的影响。① 户主的文化程度对承包户造林抚育投入有显著影响，且成负相关。即户主文化程度越高，承包户就越不愿意进行造林抚育投入，这与本研究假设不一致。看来文化程度高的承包户，想的更多一些，造林抚育投入行为更为谨慎。② 家庭月收入对承包户造林抚育投入有显著影响，且成正相关。即家庭月收入越高，即越富有的家庭，承包户就越是有能力进行造林抚育的投入，这与本研究假设一致。③ 户主的性别对承包户林下经济投入有显著影响，且成负相关。即女性户主的家庭更愿意发展林下经济。④ 户主的兼业情况对承包户林下经济投入有显著影响，且成正相关。即从事农业生产或家庭养殖等兼业的家庭比没有任何兼业的家庭发展林下经济的多。调研中发现，像栽植木耳、五味子等行为受承包户个人思想观念的影响很大。那些有兼业的承包户家庭，其思想观念更开放一些，因此就更有信心发展林下经济，对林下经济进行投入。

（4）对林改的认知变量对承包户后续经营投入的影响。承包户对林改的了解程度以及对承包林地的预期对其后续经营投入无显著影响。这与本研究假设不一致。原因是由于本次调查的时间是 2008 年，即被调查者所回答的预期结果是 2008 年的预期，而后续经营投入行为则发生在 2006 年和 2007 年。这里有一个时间不同步的问题，由于承包户所期待的林改政策迟迟没有到位，影响到他们对承包林地的预期，因此 2008 年的预期应该较两年前的预期要差一些。用 2008 年较差的预期去解释 2006 年和 2007 年较高预期下的投入行为，是导致回归不显著的主要原因。

（5）其他外部影响因素变量对承包户后续经营投入的影响。① 就地区虚拟变量的估计结果来看，5 个试点林业局的承包户在后续经营投入上有显著差异，这说明，在不同的林业局影响承包户后续经营投入的因素及其作用方向是不一致的。② 林业局木材产量对承包户林下经济投入的影响是显著的，且成正相关。正如前面所分析，林业局木材产量决定该地区锯末子的供给，而木材产量低的林业局由于锯末子供应不上，使得栽种木耳这种最常见的发展林下经济形式的原材料的供应出现问题，限制了承包户对林下经济的投入。

第四节 分析性结论

一、承包户将林权证视为国家对此次林改支持与否的信号

林权证的发放对林改的影响有二：一是关乎林业职工对此次林改的信心，进而影响其后续的投资。据访谈，有很多承包户认为林权证是其承包林地的最有效力的法律凭证，并简单地将能够发放林权证作为国家对此次国有林权制度改革支持与否的信号。二是关乎林业职工追加投资时的抵押贷款，虽然林权证不是银行给予承包户经营林地贷款的充分条件，但在承包合同不被银行认可的情况下它却是必要条件。林权证的两个影响中，第一个影响是最重要的，即增强林改的信心最重要，事关林改成败的根本。

二、低价值林改造问题的合理解决对林改的推进有很大的影响

对低价值林改造的问题必须尽快解决，因为一旦承包户在林地上造上林，日后即使政策允许改造了，由于怕影响新林幼树的生长，也无法对低价值林进行改造了，这对承包户造成的损失将是很大的。对于这个问题，包括森工企业和承包户都呼吁国家尽快出台政策，实际上采伐限额和森林经营方案都掌握在森工企业手里，森工企业可以拿出一部分采伐限额来支持低价值林的改造，但它没有这么做，其顾虑不仅仅是考虑到占用其自身的采伐限额，更重要的是作为改革推动者的森工企业乃至伊春市政府也不希望看到林地一经承包就被砍伐的结果，以免被人诟病。此外，还有可能的一个原因就是这部分低价值林落在了天然林资源保护工程的限伐区和禁伐区内了。

三、发展林下经济受到林地、资金和原材料的限制

发展林下经济固然有承包户个体特征的影响，但这并不是唯一的影响因素。以栽植木耳这个目前最常见的发展林下经济形式为例，它需要一定面积的林地和锯末子作为原材料。而如果所承包的林地的蓄积量很高或离家很远，都不合适。此次林改试点的 5 个林业局都面临可采森林资源濒于枯竭，木材产量低因而地区木材加工业不发达，导致栽植木耳所需的锯末子供应短缺，这也严重地制约了承包户对木耳的栽植。而其他如栽植五味子等，初期则需要较大的投入，而且得在 3 年后见效，承包户栽种的困难更大。因此，需要政府部门在林地、原材料以及资金等方面给予更多的扶持。

四、承包户将收取林地使用费政策与农民免收农业税政策进行比较

从理论上讲，承包户承包经营林地为获得林地的使用权而缴纳一定的地租是合理的。仅就这一点做承包户的思想工作是不难的，但是承包户很鲜明地指出农民承包耕地，国家是免税的。而造林与种植作物相比，还为国家提供间接的生态效益。在这一点上，承包户想不通，林业局负责政策宣传的工作人员实际上也想不通，也解释不通，好在林地使用费并没有要求承包户马上交，多数承包户想等到有经营收益时再交。不过承包林地需要缴纳地租而承包耕地不需要缴纳地租这一政策，还是需要有关政府部门重视起来，给承包林地的职工一个合情合理的解释。

第七章

伊春林区贫困状况的实证分析

在对我国重点国有林区的研究中，对职工贫困的关注不如对可采森林资源危机和森工企业经济危困（即“两危”）的关注表现得更多。但是一个合理的推论就是处于“两危”下的重点国有林区，其职工的贫困程度也是比较深的①②。就黑龙江省森工林区的职工来说，有研究认为其贫困程度甚至比农民还深③④。本章主要考察伊春林区经过国有林权制度改革后的贫困状况如何？特别是与全国农村相比，其贫困具有怎样的特点。

第一节　调查方法和数据来源

调查区域为伊春林管局，采用分层抽样的方法，首先在伊春林管局抽选6个森工林业局，然后在每个林业局的山上林场（所）和山下局址各抽选30户居民。基础数据来源于实地问卷调查，问卷反映的是伊春林区住户2008年的各种信息，调查于2009年完成。在此次调查抽选的6个森工林业局中，乌马河林业局和双丰林业局是林改局，其余4个林业局为非林改局。此次调查共搜集到270户的有效信息，涉及居民907人，样本在各林业局的分布如表7.1。

① 许兆君，积极稳妥推进国有林权制度改革从根本上激发林区发展动力，林业经济，2007（9）：14～18

② 朱永杰，管理体制改革是国有重点林区发展的基础，林业经济，2010（10）：50～53

③ 张於倩、冯月琦、李尔彬，黑龙江省森工林区贫困问题研究，林业经济问题，2008，28（4）：310～313

④ 冯月琦、孙剑玥，关于黑龙江省森工林区职工贫困成因的研究，林业科技情报，2006.38（4）：14～16

表 7.1　样本在各林业局的分布

森工林业局	样本数（户）
金山屯林业局	46
朗乡林业局	42
双丰林业局	45
汤旺河林业局	37
乌马河林业局	50
五营林业局	50

第二节　贫困标准及规模

我国现行的贫困人口标准是 1986 年由政府有关部门对 6.7 万户农村居民家庭消费支出调查的基础上计算得出的，即 1985 年农村人均收入 206 元人民币。方法是根据专家的意见确定最低热量摄入量（2100 大卡），最后计算最低食品费用支出为 119.73 元；以最低食品费用支出除以基本食品支出的比重（0.6）即是贫困线。2001 年《中国农村扶贫开发纲要》实施后，鉴于初步解决温饱的贫困人口标准低，温饱状况不稳定，政府有关部门经过测算提出了 865 元的扶贫标准，人均年纯收入在 625 ~ 865 元间的贫穷人口在我国被称为低收入贫困人口。至此，中国贫困衡量标准有两个，即国定贫困线（相当于绝对贫困线）和低收入线（相当于相对贫困线）。2008 年，我国将国定贫困线与低收入线“两线合一”，统一为国定贫困线。同年，国定贫困线从 1067 元上调到 1196 元。2011 年，国家统计局又将贫困线从 2010 年的 1274 元升至 2300 元（按 2010 年不变价格）。由于本章对伊春林区的调查反映的是住户 2008 年的信息，因此使用 2008 年国定贫困线，即人均年纯收入 1196 元，基于此贫困线，伊春林区的贫困发生率为 3.3%，按伊春林区人口 81.06 万计，伊春林区有 2.67 万贫困人口。而当年我国农村的贫困发生率为 4.2%，表明伊春林区贫困的广度低于全国农村的平均水平。

第三节　贫困户的分布及家庭特征

一、贫困户的地区分布

伊春林区中，朗乡、双丰、乌马河和五营4个林业局有贫困人数，其中五营的贫困人数最多，为20人，其余3个林业局各3人。由于所搜集的6个林业局的总人数相差不大，因此贫困人数多，贫困发生率也就大，图7.1表明五营林业局的贫困发生率高于其他5个林业局。

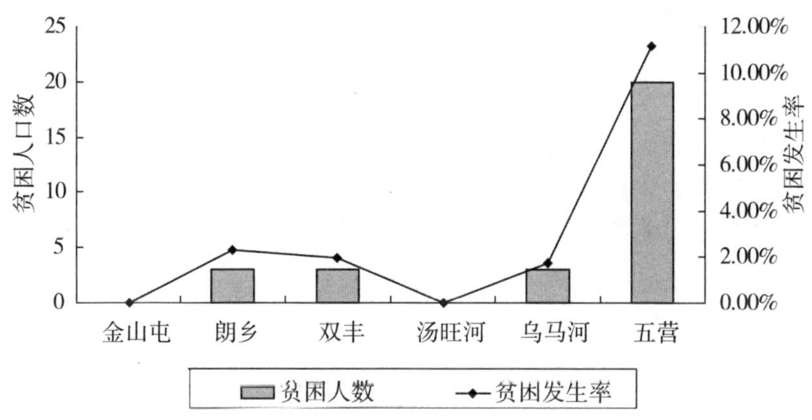

图7.1　贫困人口在各林业局的分布及各林业局的贫困发生率

二、贫困户的家庭特征

（一）贫困户的家庭规模不大

在伊春林区8户贫困户中，有5户家庭规模为4人，其他3户的家庭人数都是3人。同时期，全国农村贫困户的家庭规模为5.2人，比伊春林区贫困户的家庭规模大。

（二）贫困户中儿童和老人的比重不高

样本中，伊春林区有55岁以上的老人209人，占总人数的23.04%，其中贫困人数为5人，占总贫困人数的17.24%；有12岁以下的儿童69人，占总人数的7.61%，无贫困儿童。同时期，全国农村贫困户中12岁以下的儿童占18.1%，55岁以上的老人占18.4%，均大于伊春林区的贫困发生率。

（三）贫困户的林业生产活动比重较低

伊春林区中从事林业生产活动的家庭占82.59%，而贫困户的这一比例较低，为62.5%；从事农业经营活动的家庭占78.89%，贫困户中这一比例为75%，二者相差不大。从中可以看出，从事林业生产活动的比例越低，贫困发生率越高。

第四节　贫困户的经济状况

一、收入状况

2008年，伊春林区的人均纯收入8358.04元，比全国农村人均纯收入4760.7元高75.56%，伊春林区贫困户的人均纯收入801.52元，比全国农村贫困居民的人均纯收入988.8元低。由此可见，伊春林区的收入差距大于全国农村的收入差距。伊春全体住户的人均收入是贫困户人均收入的10倍多，也体现出伊春的基尼系数较大。

表7.2　伊春林区住户人均纯收入及其构成

项目	伊春林区		全国农村	
	全体住户	贫困户	全体住户	贫困户
工资性收入（元）	4195.07	210.34	1853.7	280.8
占比（%）	50.19	26.24	38.9	23.2
家庭经营收入（元）	1452.73	437.72	2435.6	595.3
占比（%）	17.38	54.61	51.2	58.2
财产性收入（元）	71.77	0	148.1	12.2
占比（%）	0.86	0	51.2	58.2
转移性收入（元）	2638.48	22.41	323.2	100.4
占比（%）	31.57	2.80	6.8	17.5
人均纯收入（元）	8358.04	801.52	4760.7	988.8
占比（%）	100.00	100.00	100.0	100.0

在表7.2中，伊春全体住户的工资性收入在4项收入中所占比例最高，其次是转移性收入；而贫困户的家庭经营性收入所占比例最高，其次是工资性收

入，财产性收入为零。伊春贫困户的收入结构与农村全体住户（包括贫困户）的收入结构大体相当。造成这一现象的原因是伊春存在大量的林业职工，他们有城镇户口，有固定的工作，还享受国家的各种补贴，所以工资性收入和转移性收入的比例较高，而没有或较少享受到这些好处的住户则很容易陷入贫困。

二、生活消费状况

2008 年，伊春林区的人均消费支出 6827.40 元，比全国农村人均消费支出 3660.7 元高 86.51%，伊春林区贫困户的人均消费支出 2342.00 元，也比全国农村贫困居民的人均消费支出 1020.4 元高。比较表 7.2 和表 7.3 可知，伊春林区贫困户和全国农村贫困户的人均纯收入都小于其人均消费支出，贫困人口普遍存在入不敷出的情况。相比之下，伊春林区贫困户的人均消费支出的缺口更大些，他们往往依靠储蓄、借款等途径满足基本生活消费的需要。

表 7.3　伊春林区住户人均消费及构成

项目	伊春林区		全国农村	
	全体住户	贫困户	全体住户	贫困户
食品支出（元）	1292.22	1180.55	1598.7	702.9
占比（%）	18.93	50.41	43.7	68.9
衣着支出（元）	188.85	69.66	211.8	56.7
占比（%）	2.77	2.97	5.8	5.6
居住支出（元）	2712.25	254.83	678.8	86.4
占比（%）	39.73	10.88	18.5	8.5
家庭设备用品和服务支出（元）	240.34	104.14	174.0	34.6
占比（%）	3.52	4.45	4.8	3.4
交通和通讯费支出（元）	228.01	82.45	360.2	54.2
占比（%）	3.34	3.52	9.8	5.3
文教娱乐支出（元）	774.67	645.90	314.5	31.5
占比（%）	11.35	27.58	8.6	3.1
医疗保健支出（元）	749.06	103.10	246.0	42.1
占比（%）	10.97	4.40	6.7	4.1
其他商品和服务（元）	519.18	148.28	76.7	11.8

续表

项目	伊春林区		全国农村	
	全体住户	贫困户	全体住户	贫困户
占比（%）	7.60	6.33	2.1	1.2
生活消费支出（元）	6827.40	2342.00	3660.7	1020.4
占比（%）	100.0	100.0	100.0	100.0

在消费构成上，伊春林区贫困户、全国农村住户（包括贫困户）的食品支出在总支出中的比重最大，而伊春林区全体住户在居住支出的比重最大。相比而言，全国农村贫困户食品支出的比重比伊春林区贫困户的比重高，说明全国农村贫困户的恩格尔系数比伊春林区的高。无论是伊春林区，还是全国农村，贫困户的恩格尔系数都比全体住户的高，表明恩格尔系数越高，住户越贫困。伊春林区住户的文教娱乐支出和医疗保健支出的比重比全国农村住户的支出比重大，说明伊春林区的教育、医疗的负担更重些。

三、生产投入状况

（一）贫困户严重缺少生产性固定资产

2008 年，伊春林区住户拥有的生产固定资产的种类较多，但数量较少。表 7.4 列出了伊春林区住户拥有的价值较大的几种生产性固定资产，而贫困户没有其中的任何一件，这也可以看出伊春林区贫困户对价值较大的生产性固定资产极其缺乏。

表 7.4 伊春林区住户拥有的生产性固定资产数量

生产性固定资产	全体住户	贫困户
探铁器	1	0
三轮车	4	0
四轮车	7	0
厂房	3	0
拖拉机	4	0
油锯	4	0
车	5	0
粉碎机	1	0

续表

生产性固定资产	全体住户	贫困户
装袋机	2	0
粉锯末机	1	0
结菌机	1	0
汽油机	1	0
抽水机	7	0
柴油机	5	0
电动机	1	0
播种机	1	0

（二）贫困户的农业生产投入少

在表7.5中可以看出，伊春林区贫困户对农业生产的投入也很少。表7.4显示贫困户拥有的生产性固定资产数量为0，所以他们购置农业生产性固定资产支出也为0。在燃料费、化肥费和农药费的投入上，贫困户与全体住户的平均水平相比，仍有一定差距。

表7.5　伊春住户人均农业生产投入

人均农业生产投入（元）	伊春全体住户	伊春贫困户
购置生产性固定资产支出	161.60	0
燃料费	28.59	10.35
化肥费	34.96	6.00
农药费	10.00	1.72

四、家庭财产设备状况

（一）居住条件有待于改善

比较2008年伊春林区和同时期全国农村的住房情况（如表7.6），无论是贫困户还是全体住户，伊春林区的人均居住面积和人均住房价值都与全国农村平均水平有不小的差距，只有在钢筋混凝土和砖木结构住房面积比重上比全国农村平均水平高。

表 7.6　伊春林区住户住房情况

项目	伊春林区		全国农村	
	全体住户	贫困户	全体住户	贫困户
人均居住面积（m^2）	13.79	11.99	32.4	20.1
钢筋混凝土和砖木结构住房面积比重（%）	92.22	87.5	87.3	65.7
人均住房价值（元）	5103.14	724.14	10791.8	3970.0

（二）耐用消费品数量亟待增加

2008 年伊春林区住户拥有的耐用消费品中数量较多有自行车、彩色电视机、电饭锅和手机，平均每户有 1 件，而其他耐用消费品在住户中未得到普及。伊春林区贫困户平均每户拥有的耐用消费品数量较少，拥有数量较多的耐用消费品有自行车、彩色电视机和电饭锅，与全体住户在耐用消费品方面的支出结构相当（表 7.7）。

表 7.7　伊春住户拥有的耐用消费品数量

指标名称	伊春全体住户	伊春贫困户
自行车	193	5
摩托车	71	1
缝纫机	78	2
收音机	11	1
彩色电视机	273	5
电风扇	30	0
洗衣机	120	2
电冰箱	49	0
冰柜	25	0
微波炉	8	0
照相机	7	0
大型家具	96	1
VCD 机	43	1
电饭锅	224	4

续表

指标名称	伊春全体住户	伊春贫困户
饮水机	13	0
熨斗	25	0
手机	261	2
电脑	23	0
电磁炉	47	0
热水器	8	1
电水壶	37	0
灶具	83	1
电视信号接收器	16	0
固定电话	94	2

第五节　贫困户的受教育情况

户主文化程度是衡量一个家庭人力资本水平的重要因素。2008 年，伊春林区全体住户户主的文化程度以初中为主。如图 7.2 所示，小学文化程度占 21%，初中占 58%，高中占 18%，中专文化程度占 3%。而在伊春林区贫困户中，户主的文化程度为初中的有 7 人，高中文化程度的有 1 人。

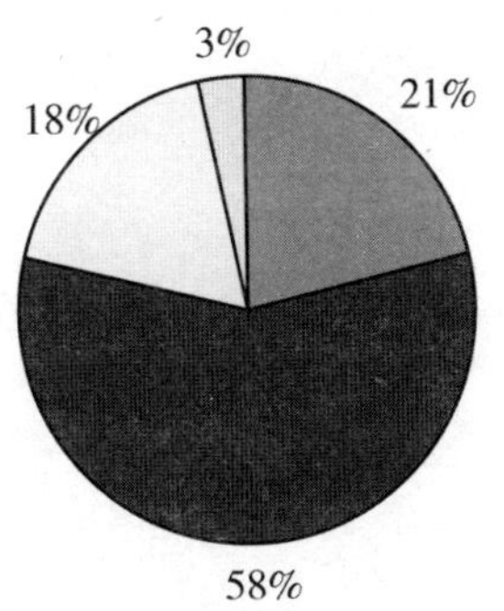

图 7.2　伊春全体住户户主文化程度分布情况

第六节　主要结论

就贫困的广度等状况来看，伊春林区并不比全国农村的平均水平差，虽然我们不能得出这是由于国有林权制度改革所起的积极效果这一论断，但是仍可以尝试对此作出解释。伊春林区住户不同于农村的农民，前者的身份为国有企业职工，拥有与农民相比较多的工资性收入和转移性收入，这是伊春林区住户贫困发生率低于全国农村平均水平的主要原因。

就人均收入来看，伊春林区的整体情况好于全国农村的平均水平，但其贫困户的状况比全国农村贫困户的情况更加堪忧。

就生产性投入来看，伊春林区贫困户严重缺少生产性固定资产，其生产性投入主要体现在燃料费、化肥费和农药费等必要的农业生产投入上。

第八章

森工企业效率测算与影响因素分析

国有林权制度改革将国有林仅流转给本企业的职工，职工与企业之间仍然有非常紧密的联系，一方面，如前文所述，林改后承包户从林业局得到的工资仍然占其全部收入的40%以上；另一方面，承包户对承包林地的投资行为也具有森林有效保护、造林质量明显提高以及森林资源集约经营水平大幅提升等成效，这说明国有林权制度改革对提高森工企业的生产力具有积极意义，但改革是要支付成本的，这就需要从投入产出的角度来评价企业的效率。国有林权制度改革是否有利于提升企业的效率，这是本章研究的主题，它有助于科学地评价国有林权制度改革取得的绩效，同时对于回答改革可否进一步扩大试点范围等问题也可以提供参考依据。

第一节　文献回顾

本文对国有林权制度改革与森工企业效率之间关系的研究，运用非参数技术——数据包络分析（DEA）和Tobit回归的方法。首次将DEA方法应用到林业经济领域研究的是Rhodes①，但国内外这方面的文献并不多，国外的文献主要是测算私有林业产业部门的效率以及森林经营的效率②。Yin③运用DEA方

① Rhodes, E., 1986, An explanatory analysis of variations in performance among U.S. national parks. In: Silkman, R. (Ed.), Measuring Efficiency: An Assessment of Data Envelopment Analysis, 47~71

② Diaz－Balteiro, L., Herruzo, A.C., Martinez, M., 2006, An analysis of productive efficiency and innovation activity using DEA: An application to Spain' s wood－based industry, Forest Policy and Economics, (8): 762~773

③ Yin, R., 1998, DEA: a new methodology for evaluating the performance of forest products producers, Forest Products Journal, 48 (1): 29~34

法，选择 7 个投入指标和 1 个产出指标，分析了美国 44 个造纸企业的效率。Yin① 运用同样方法，研究了环太平洋的 10 个国家的 70 个纸浆生产企业的生产效率。Yin② 同时运用 DEA 和 SFA 方法，将研究扩展到世界上 102 个锯木企业的技术效率和配置效率。Fotiou③ 运用 DEA 模型，选择 2 个投入指标和 1 个产出指标，测算了希腊锯木产业的效率。Nyrud④ 运用 DEA 模型对挪威的 200 个锯木企业的生产效率进行了测算。国内学者中，刘璨⑤分别运用 DEA 方法和 SFA 方法对安徽省金寨县、四川省沐川县以及江西省遂川县的样本农户的全要素生产率进行了测算。刘璨⑥运用 DEA 方法对 50 个东北国有企业的效率进行了测算。何浩然等⑦运用 DEA 模型测算了东北、内蒙古国有林区林产品加工企业 2004 年的技术效率，并通过建立广义线性模型，分析其技术效率的影响因素。赖作卿和张忠海⑧运用 DEA 方法，选择 4 个投入指标和 3 个产出指标对广东省 21 个城市的林业投入产出效率进行了分析。

国内学者虽有运用 DEA 模型对国有林业企业效率进行研究，但同时运用 DEA 模型和 Tobit 模型研究森工企业效率的还没有，本章将运用 DEA 模型测算森工企业效率，然后运用 Tobit 回归模型分析影响企业效率的因素，检验国有林权制度改革对森工企业的效率是否具有显著影响。

---

① Yin, R., 1999, Production efficiency and cost competitiveness of pulp producers in the Pacific Rim, Forest Products Journal, 49 (7/8): 43 ~ 49

② Yin, R., 2000, Alternative measurements of productive efficiency in the global bleached softwood pulp sector, Forest Science, 46 (4): 558 ~ 569

③ Fotiou, S., 2000, Efficiency measurement and logistics: an application of DEA in Greek sawmills, In: Sjöstrom, K. (ED.), Logistics in the Forest Sector, Proceeding of the First World Symposium on Logistics in Forest Sector, Timber Logistics Club, Helsinki: 189 ~ 204

④ Nyrud, A. Q., Bergsens, S., 2002, Production efficiency and size in Norwegian sawmilling, Scandinavian Journal of Forest Research, (17): 566 ~ 575

⑤ 刘璨，社区林业制度绩效与消除贫困研究——效率分析与案例比较，北京：经济科学出版社，2005

⑥ 刘璨、于法稳，东北国有林区企业效率测算与分析——DEA 方法，产业经济评论，2006，5 (1): 107 ~ 121

⑦ 何浩然、翁茜、徐晋涛，国有林区林产品加工企业效率分析，林业科学，2007，43 (11): 113 ~ 121

⑧ 赖作卿、张忠海，基于 DEA 方法的广东林业投入产出效率分析，林业经济问题，2008，28 (4): 323 ~ 326

第二节　研究方法

一、关于效率的理论分析

西方经济学界广泛使用的“效率”概念最初是帕累托效率。“帕累托效率”可以这样来定义：如果没有一个人可以在不使任何其他人的处境变差的前提下而使自己的处境变得更好，那么，这种状态就是“帕累托最优”，它被认为是一种最有效率的资源配置状态，所以也叫“帕累托效率”。

1957 年 Farrell 在帕累托效率基础上对效率进行了界定，将效率分解为技术效率和配置效率两部分，并从投入角度对技术效率进行了具体的界定。1966 年，Leibenstein 进一步从产出角度对技术效率进行了界定。目前，关于技术效率和配置效率的内涵在理论界已基本形成共识：技术效率指现有资源有效利用的能力，即在给定各种投入要素的条件下实现最大产出的能力，或者在给定产出水平下实现投入最小化的能力。配置效率是指在给定的价格和技术的条件下，实现投入（产出）最优组合的能力。如果在完全竞争的市场中，各要素的产出弹性等于投入要素占总成本的比重，则此时的配置是有效率的。

由于配置效率的前提假设很难满足以及要素价格不宜获得，人们对效率的考察和测度更多情况下都是针对技术效率的。基于这一思路，本文也选择技术效率作为森工企业效率的基础，即文中的效率是指投入既定下的实际产出对最大潜在产出的比率，或产出既定下的最小潜在投入对实际投入的比率。

西方经济学界对效率测量的讨论是从 Farrell① 开始的，他利用 Debreu② 和 Koopmans③ 的研究成果，定义了能计算多投入效率的简单测量。效率包含两个成分：技术效率和配置效率。技术效率（technical efficiency，TE）反映生产中现有技术利用的有效程度，即技术效率反映在给定投入的情况下厂商获取最大产出的能力。配置效率（allocative efficiency，AE）反映生产中要素配置的有效程度，反映厂商在分别给定的价格和生产技术下以最优比例利用投入的能

① Farrell，M. J.，The measurement of productive efficiency，Journal of the royal statistical society，Series A，1957，120（3）：253～290

② Debreu，G.，The coefficient of resource utilization，Econometrics，1951（19）：273～292

③ Koopmans，T. C.，An analysis of production as an efficient combination of activities. In：T. C. Koopmans，Activity analysis of production and allocation，1951，Wiley，New York

力。然后，这两方面的测量构成总的经济效益（economic efficiency）的测量。

在规模报酬不变的假设下，Farrell 利用涉及由两种投入（x_1 与 x_2）生产单产出（q）厂商的简单例子来阐述他的观念。图 8.1 中 SS′表示完全效率厂商的单位等产量线，如果给定厂商使用 P 点定义的投入量去生产单位产出量，那么这个厂商的技术无效率可用距离 QP 来表示，它就是在产出不减少时所有投入按比例可能减少的量。这可以由 QP/OP 表示的百分比来表示，它表明要达到技术上有效率的生产所需要减少所有投入量的百分比。厂商的技术效率（TE）常用比率来测算，它等于 1 减去 QP/OP。其取值在 0 和 1 之间，因而提供了厂商技术效率程度的指标。取值 1 意味着厂商是完全技术有效的。例如，Q 点是技术有效的，因为它位于有效的等产量线上。

$$TE = OQ/OP \tag{8-1}$$

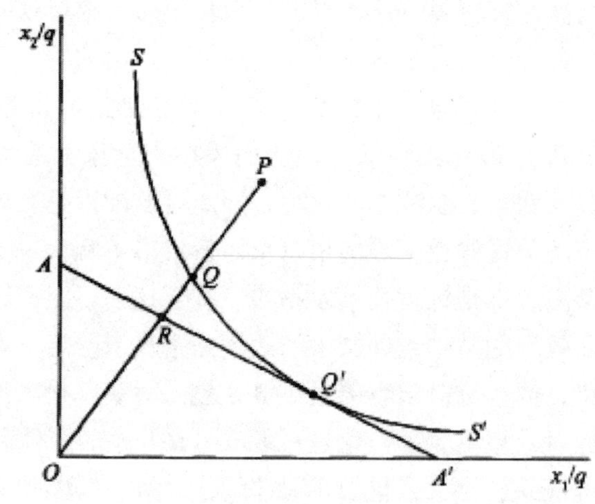

图 8.1　技术效率和配置效率

厂商技术效率的投入导向测量，可用投入距离函数 d_i（x，q）来表述成为：

$$TE = 1/d_i(x, q) \tag{8-2}$$

如果所研究的厂商位于前沿上，那么它就是技术有效的，在这种情况下，TE = 1 且 $d_i(x, q)$ 也等于 1。

在有投入价格信息时，可以对所研究的厂商进行配置效率的测算。用 w 表示投入价格向量，并用 x 表示所使用的与 P 点有关的投入向量的观测值。令

$\hat{x}$与 x^* 分别代表技术有效点 Q 表示的投入向量与 Q'点表示的成本最小化投入向量。

于是，这个厂商 P 和 Q'点有关的配置效率可定义为和投入向量 x 与 x^* 有关的投入成本的比率。因而：

$$CE = \frac{w'x^*}{w'x} = OR/OP \tag{8-3}$$

在图 8.1 中，如果由等成本线 A A′斜率所表示的投入价格比率也是已知的，那么用等成本线就可以计算配置效率和技术效率的测量值。这些可由下式给出：

$$AE = \frac{w'x^*}{w'\hat{x}} = \frac{OR}{OQ} \tag{8-4}$$

$$TE = \frac{w'\hat{x}}{w'\hat{x}} = OQ/OP \tag{8-5}$$

这两个方程源自下述发现，即距离 RQ 代表当生产处于配置有效（且技术有效）的 Q′点，而不是处于技术有效但配置无效的 Q 点时，所发生的生产成本的减少。

给定技术下的测量，全部总成本效率（CE，或称经济效益 EE）可以表示为技术效率和配置效率的乘积：

$$TE \times AE = (OQ/OP) \times (OR/OQ) = OR/OP = CE \tag{8-6}$$

综上，可以明确以下这些概念：总体效率也称经济效益或成本效率，配置效率也称价格效率，经济效益是技术效率和配置效率的乘积。

二、DEA－Tobit 二阶段框架

在本文的分析中，把伊春林管局下属的 16 个林业局中的每个林业局作为一个决策单元（DMU），运用 DEA 方法中的固定规模报酬的 CCR 模型①和可变规模报酬的 BCC 模型②，并均使用投入导向的方法进行处理。基于 DEA 的 CCR 模型将一个 DMU 的投入产出当作目标方程，而其他的 DMU 的投入产出作为限制，寻找对该 DMU 最有利的投入、产出的权重，以得到最大效率值。

① Charnes, A., Cooper, W. W., Rhodes, E., 1978, Measuring the efficiency of decision making units. European Journal of Forest Research, (2): 429~444

② Banker, R. D., Charnes, A., Cooper, W. W., 1984, Some models for estimating technical and scale inefficiencies in data envelopment analysis, Management Science, (30): 1078~1092

为了得到 n 个 DMU 的效率值，需要算出 n 个线性规划问题以获得投入（x_i）及其权重（v_i）以及产出（y_r）及其权重（u_r）。假设有 m 种投入，s 种产出，并且将分式规划模型转换为线性规划模型，则 CCR 模型的公式如下①：

$$Max\theta = u_1 y_{1,0} + \cdots + u_s y_{s,0}$$

$$s.t.\ \ v_1 x_{1,0} + \cdots + v_m x_{m,0} = 1$$

$$u_1 y_{1,j} + \cdots + u_s y_{s,j} - v_1 x_{1,j} - \cdots - v_m x_{m,j} \leq 0 (j = 1 \cdots n) \quad (8\text{-}7)$$

$$v_1, v_2, \cdots, v_m \geq 0$$

$$u_1, u_2, \cdots, u_s \geq 0$$

BCC 模型的公式如下：

$$Max\theta = u_1 y_{1,0} + \cdots + u_s y_{s,0} - u_0$$

$$s.t.\ \ v_1 x_{1,0} + \cdots + v_m x_{m,0} = 1$$

$$u_1 y_{1,j} + \cdots + u_s y_{s,j} - v_1 x_{1,j} - \cdots - v_m x_{m,j} \leq 0 (j = 1 \cdots n) \quad (8\text{-}8)$$

$$v_1, v_2, \cdots, v_m \geq 0$$

$$u_1, u_2, \cdots, u_s \geq 0.$$

式中 u_0 代表规模报酬指标。

如果要分析 DEA 模型下效率值的影响因素，可以使用一些参数的和非参数的统计工具，常用的方法有回归分析和方差分析。如 Fotiou② 使用单因素方差方法分析了希腊锯木企业效率值的影响因素。Nyrud 和 Bergseng③ 使用 Tobit 回归方法评价了近 200 个锯木企业的效率值，并使用 K 独立样本中位数检验

① Cooper, W. W., Seiford, L. M., Tone, K., 2000, Data Envelopment Analysis. Kluwer Academic Publishers, Dordrecht, The Netherlands

② Fotiou, S., 2000, Efficiency measurement and logistics: an application of DEA in Greek sawmills. In: Sjöstrom, K. (ED.), Logistics in the Forest Sector. Proceeding of the First World Symposium on Logistics in Forest Sector, Timber Logistics Club, Helsinki: 189 ~ 204

③ Nyrud, A. Q., Bergseng, S., 2002, Production efficiency and size in Norwegian sawmilling. Scandinavian Journal of Forest Research, (17): 566 ~ 575

（Kruskal – Wallis k – sample test）方法对 DEA 模型结果进行了分析。Diaz – Balteiro① 则运用 Logistic 回归方法对运用 DEA 模型测算的林产品加工企业的效率值的影响因素进行了分析。考虑到 DEA 方法估计出来的效率值介于 0 和 1 之间，最大值为 1，如果采用最小二乘法估计，可能会由于无法完整呈现数据而导致估计偏差，因此本文采用面板数据截取回归模型——Tobit 模型来分析效率值的影响因素。模型公式如下：

$$y_i^* = \beta_0 + \sum_{j=1}^{k} \beta_i x_{ij} + \varepsilon_i \tag{8-9}$$

$$y_i = y_i^* \quad \text{if } 0 < y_i^* < 1 \tag{8-10}$$

$$y_i = 0 \quad \text{if } y_i^* < 0 \tag{8-11}$$

$$y_i = 1 \quad \text{if } y_i^* > 1 \tag{8-12}$$

式中：y_i^* 为潜变量；y_i 为观察到的因变量；x_{ij}为自变量向量；β_i 为相关系数向量；β_0 为常数项；ε_i 是独立的且 $\varepsilon_i \sim N(0, \sigma^2)$。

三、变量选择

本文选择了 3 个投入指标、3 个产出指标和 5 个影响企业效率的指标。在投入方面，与劳动力有关的变量是年末在岗工人数（x_1）；与资本有关的变量是固定资产投入（x_2）；与土地有关的变量是林业用地面积（x_3）。产出方面的 3 个变量分别是新造林面积（y_1）、森林抚育面积（y_2）和企业总产值（y_3）。影响企业效率的 5 个变量分别是专业技术人员比例（x_4）、林改（x_5）、木材产量（x_6）、天然林比例（x_7）和成过熟林比例（x_8）。其中，专业技术人员比例反映了企业人才资源状况，一般认为企业人才资源存量越大其效率就越高。林改变量是一个二值虚拟变量，参与林改其值为 1，否则为 0，本文重点关注的就是这个变量对企业效率的影响是否显著。本文没有将木材产量作为产出变量，而是将其作为企业效率的影响因素变量，主要是考虑在当前的森林采伐限额政策下，对于每一个林业局来说，木材产量是一个固定的限额指标，如果上级批给的限额多则企业的经济效率就好，否则效益就不好。这样把它作为解释变量引入 Tobit 回归模型中，就可以检验这个限额指标是否会影响企业

---

① Diaz – Balteiro，L.，Herruzo，A. C.，Martinez，M.，2006，An analysis of productive efficiency and innovation activity using DEA：An application to Spain’s wood – based industry，Forest Policy and Economics，(8)：762 – 773

的效率。天然林比例对林业局的意义在于获得国家的天保工程经费，一般来说，比例越高企业得到的天保经费就越多，从而有可能会影响企业的效率。成过熟林比例意味着企业的资源状况，这个比例高说明企业的资源状况良好，它也有可能影响到企业的效率。

第三节 数据来源与基本统计分析

本文分析使用的数据来源于《伊春统计年鉴》和《黑龙江省森林工业综合统计资料汇编》。由于黑龙江省伊春市进行的国有林权制度改革始于2006年，为便于进行改革前后企业效率的对比，本文分析使用的样本为2005～2007年伊春林管局下辖的16个森工林业局的投入和产出数据，即包括林改前1年和林改后2年的数据。每一个森工企业的投入产出值是一个DMU，这样总共包括48个DMU（=16×3）。其中林改的DMU有10个，非林改的DMU有38个①。

表8.1 DEA模型中变量的主要特征统计

项目	年末在岗工人数 x_1	固定资产投入（万元）x_2	林业用地面积（hm^2）x_3	新造林面积（hm^2）y_1	森林抚育面积（hm^2）y_2	企业总产值（万元）y_3
平均值						
全部林业局	7486.13	4839.31	210728.56	2000.08	7570.54	47866.13
林改局	5407.90	5985.40	157927.60	556.00	5410.30	42813.00
非林改局	8033.03	4537.71	224860.39	2380.11	8139.03	49195.89
标准差						
全部林业局	3467.30	2982.50	64158.09	8676.54	3495.54	18462.52
林改局	1150.04	3312.83	30737.98	230.18	3120.72	11985.72
非林改局	3670.86	2860.32	63359.55	9737.35	3399.87	19371.43

① 伊春市共有16个森工林业局，其中进行国有林权制度改革试点的林业局有5个，分别是双丰、铁力、桃山、乌马河和翠峦林业局，在本文所研究的时间范围内（2005～2008年），这5个局分别进行了2年的林改，因此林改的DMU为10个。

续表

项目	年末在岗工人数 x_1	固定资产投入（万元）x_2	林业用地面积（hm^2）x_3	新造林面积（hm^2）y_1	森林抚育面积（hm^2）y_2	企业总产值（万元）y_3
最小值						
全部林业局	3548	1873	120573	200	1366	19424
林改局	3548	2619	122531	200	1366	23106
非林改局	4028	1873	120573	233	1506	19124
最大值						
全部林业局	20201	17105	308127	60153	18618	105596
林改局	6754	13949	204234	892	10584	62103
非林改局	20201	17105	308127	60153	18618	105596

表 8.1 和表 8.2 分别给出了全部林业局、林改局和非林改局的各变量的统计学描述，包括平均值、标准差、最小值和最大值。

表 8.2　Tobit 模型中变量的主要特征统计

项目	专业技术人员比例（%）x_4	国有林权制度改革 x_5	木材产量（m^3）x_6	天然林比例（%）x_7	成过熟林比例（%）x_8
平均值					
全部林业局	0.24	0.21	83458.52	0.82	0.04
林改局	0.29	1	48909.50	0.71	0.21
非林改局	0.22	0	92550.37	0.85	0.39
标准差					
全部林业局	0.98	0.41	52747.49	0.13	0.02
林改局	0.17	0.00	18620.28	0.13	0.14
非林改局	0.63	0.00	55158.27	0.11	0.23
最小值					
全部林业局	0.09	0	19900	0.53	0.01
林改局	0.15	1	19975	0.53	0.01

续表

项目	专业技术人员比例（%）x_4	国有林权制度改革 x_5	木材产量（m^3）x_6	天然林比例（%）x_7	成过熟林比例（%）x_8
非林改局	0.09	0	19900	0.56	0.01
最大值					
全部林业局	0.71	1	176000	0.97	0.10
林改局	0.71	1	68584	0.85	0.04
非林改局	0.31	0	176000	0.97	0.10

第四节　结果分析

运用 DEA 模型测算的企业效率结果见表 8.3 和表 8.4。从表 8.3 可以看出，无论是技术效率（综合效率）、纯技术效率（考虑规模收益时的技术效率）还是规模效率（考虑规模收益时的规模效率），林改局中有效的 DMU 数量都明显高于非林改局，所占的比例分别是 80%、90% 和 80%，而后者则分别为 28.95%、55.26% 和 28.95%。从表 8.4 可以看出，林改局的技术效率平均值、纯技术效率平均值和规模效率平均值也都高于非林改局。而无论是林改局还是非林改局，其规模效率值都高于技术效率值，说明企业的非效率主要是由企业生产运营的效率低下所致。

表 8.3　DEA 模型下有效 DMU 数量

项目	CCR 模型（技术效率）		BCC 模型（纯技术效率）		规模效率	
	有效 DMU	比例%	有效 DMU	比例%	有效 DMU	比例%
全部林业局	19	39.58	30	62.50	19	39.58
林改局	8	80.00	9	90.00	8	80.00
非林改局	11	28.95	21	55.26	11	28.95

表 8.4　DEA 模型下效率值

项目	技术效率（CCR）%	纯技术效率（BCC）%	规模效率%
平均值			
全部林业局	82.57	93.50	88.09
林改局	94.40	99.59	94.71
非林改局	79.45	91.90	86.35
标准差			
全部林业局	19.78	12.40	15.94
林改局	11.82	11.30	11.22
非林改局	20.38	13.50	16.65
最小值			
全部林业局	35.30	53.10	47.90
林改局	71.00	95.90	71.00
非林改局	35.30	53.10	47.90
最大值			
全部林业局	100.00	100.00	100.00
林改局	100.00	100.00	100.00
非林改局	100.00	100.00	100.00

如果仅考察参加林改试点的 5 个林业局，其分年度测算的企业效率见表 8.5。无论是 CCR 模型下测算的技术效率还是 BCC 模型下测算的纯技术效率，2006 和 2007 林改后两个年度有效的企业数量和效率平均值都高于林改前的 2005 年。CCR 模型下的结果更加明显。

表 8.5　林改局分年度测算的效率

项目		2005	2006	2007
CCR	有效企业数量	1	4	4
	效率平均值	0.695	0.942	0.946
BCC	有效企业数量	3	5	4
	效率平均值	0.950	1	0.992

分别以 BCC 模型和 CCR 模型下测算的技术效率值作为回归方程的被解释变量。将可能影响企业效率的 5 个解释变量引入到 Tobit 模型中，回归结果见表 8.6。当考虑 CCR 模型下的效率值时，变量 x_4 和 x_7 对企业效率的影响都不显著（$p<0.05$），而变量 x_5、x_6 和 x_8 则对企业效率影响显著。当考虑 BCC 模型下的效率值时，变量 x_5 和 x_7 对企业效率有显著影响。进一步还发现，无论是基于 BCC 模型还是 CCR 模型下的效率值进行 Tobit 回归，林权制度改革对企业效率都有显著的影响，而其他变量只在其中一个模型下显著。

表 8.6　Tobit 回归结果

解释变量	CCR 模型下的 p 值	BCC 模型下的 p 值
x_4	0. 2056	0. 3148
x_5	0. 0020	0. 0005
x_6	0. 0000	0. 6174
x_7	0. 2178	0. 0001
x_8	0. 0204	0. 3479

第五节　结论及政策建议

本章运用 DEA 模型和 Tobit 回归模型对黑龙江省伊春市 16 个林业局的企业效率进行了测算并分析了影响企业效率的因素，得出的结论是就企业效率而言，国有林权制度改革具有积极意义。国有林权制度改革对森工企业效率有显著影响。DEA 模型的运行结果表明参与林改的企业其技术有效的比例和技术效率值都明显高于未参与林改的企业。Tobit 回归模型也证实林权制度改革对企业效率有显著影响。因此，如果仅从提升企业效率的角度出发，在政策上建议国有林权制度改革的试点范围可进一步扩大。

第九章

国有林权制度改革的突破、难点及政策性建议

由于国有林在发挥森林生态效益和为国民经济建设提供木材等方面上所具有的特殊地位，使得国有林权制度改革得到了社会各界的广泛关注。伊春国有林权制度改革试点至今已有几年，改革取得了怎样的突破？改革的支持者对这个问题抱有矛盾的心理：既想突出改革所取得的突破以壮大其成绩，又担心改革的突破撞到某个红线而被扼杀。因此，对于这个问题需要有一个客观的回答。改革的过程中出现的种种问题，如林权证①②③、采伐限额④、林地使用费⑤等，已经得到学者们的广泛关注和讨论。对于这些问题的解决需分别给出远期和近期的政策建议，而近期的可操作性的政策建议对改革过程中出现的问题和难点的解决具有至关重要的意义。

第一节　伊春国有林权制度改革的突破点

一、国有林私有化的突破

对于国有林的私有化，比较委婉的说法就是发展非公有制林业。伊春国有林权制度改革将国有林地上的国家拥有所有权的森林卖给了企业职工，毫无疑

① 贾强、宛利、林阿楠等，国有林权制度改革方向明路难行，黑龙江金融，2007（7）：26～27

② 张蕾、戴广翠、陈学群，伊春林权制度改革试点百户职工调查实证分析，林业经济，2007（9）：27～30

③ 黑龙江省科学顾问委员会农业生态专家调研组，伊春国有林区林权改革试点调研报告，林业经济，2007（9）：56～58

④ 伊春市政府国有林业产权制度改革研究课题组，乌马河林业局实施林权制度改革的调查，林业经济，2007（9）：53～55

⑤ 李纯厚，伊春市国有林权制度改革问题的思考——以翠峦林业局为例，今日科苑，2007（11）：12

问就是将国有林转变为私有林的试点。这涉及什么是私有林这个问题，私有林的定义在我国和国外有所区别，它的定义与林权的概念分不开。林权是关于森林、林木和林地的产权。在国外，私有林的森林、林木和林地的产权全部属于私人所有。而在我国，因为土地是国有的，因此，当森林和林木的产权属于私人所有时，就称该森林为私有林。

农村实行家庭承包经营后，土地的性质仍是公有，但土地上生长的作物归农民个人所有，是私有的。国有林权制度改革与其一样，林地的性质仍是公有，但林地上生长的林木和森林是私有的。如果说国有林权制度改革仅是一种类似于农村那种土地家庭承包经营的改革，显然会使其突破性意义大打折扣。就相同点来看，都有土地的家庭承包经营，只不过林改是林地的家庭承包经营而已。区别在于土地上的产品，农村耕地上的产品是农作物，一年下来必须全部收割的，并不负有发挥生态效益的义务。而林地上的产品是林木，须经营多年，不可在某一季节全部采伐，负有发挥生效效益的义务。从这个意义上看，林业（特别是国有林业）实行家庭承包经营的后果要比农业复杂得多。因此将林地上的林木私有化，所取得的突破性更大。

二、经营规模的突破

由国有森工企业经营森林合乎规模经营的要求，相比之下，由承包户家庭经营则是一种小规模经营。这种小规模经营须从更深的层次加以理解。首先，不能简单将其说成是分散经营。实际上目前承包户家庭经营的林地的平均规模为 810hm^2，且没有细碎化现象，这实际上也是属于规模经营的。其次，小规模经营最终必然要走向更大规模的经营。考虑到社会稳定这种社会效益，林权的流转其实是要分两次进行的。目前进行的林改是林权的第一次流转，即林权由国家流转给个人。第二次流转就是林权在个人之间的流转，到那时将会实现更大规模的经营。而至于经营的规模能有多大，市场机制会发挥其资源配置的作用。第三，经营规模变化过程中收获的是效率的提高。林改使得林地经营规模从大到小，再从小到大，这不是简单的循环，而是螺旋式上升。因为在这个过程中，林木的所有权及林地的使用权发生了流转，由国有流转到私有，这是会带来效率的提高的。中国改革开放取得的巨大成效，很大的原因就在于产权

制度发生变迁进而提高了效率①。国有林权制度改革也是这个道理。

第二节　政策性难点及解决思路

一、关于林权证发放的问题

林权证的发放对林改的影响有二：一是关乎林业职工对此次林改的信心。据访谈，有很多承包户认为林权证是其承包林地的最有效力的法律凭证，并简单地将能否发放林权证作为国家对此次国有林权制度改革支持与否的信号。二是关乎林业职工追加投资时的抵押贷款，虽然林权证不是银行给予承包户经营林地贷款的充分条件，但却是必要条件。林权证的两个影响中，第一个影响是最重要的，即增强林改的信心最重要，事关林改成败的根本。

国有林区林权证只发放到森工林业局。《中华人民共和国森林法》第三条："森林资源属于国家所有，由法律规定属于集体所有的除外。国家所有的和集体所有的森林、林木和林地，个人所有的林木和使用的林地，由县级以上人民政府登记造册，发放证书，确认所有权或者使用权。国务院可以授权国务院林业主管部门，对国务院确定的国家所有的重点林区的森林、林木和林地登记造册，发放证书，并通知有关地方人民政府。"其实这一条对伊春国有林来说，只是说其林权证由国务院林业主管部门（国家林业局）发放。至于国有林流转后林权证的变更并没有反对，只是没有说明，因为当时没有这种情况。这一条还指明了集体林由县级以上人民政府发放林权证，也同样没有说明集体林流转后林权证的变更。但集体林权改革后，林权证就发到承包人手里了。那它的依据是什么呢?《中共中央、国务院关于全面推进集体林权制度改革的意见》（2008 年 6 月 8 日 中发［2008］10 号）中在勘界发证上有这样的规定："明确承包关系后，要依法进行实地勘界、登记，核发全国统一式样的林权证，做到林权证登记内容齐全规范，数据准确无误，图、表、册一致，人、地、证相符。"因此，建议国家先出台类似的文件，以使林权证能够尽快发放，待日后再逐步完善森林法的修订。

二、关于森林采伐限额限制的问题

承包户对承包的森林和林木能否采伐的关心也有两层含义：一是经营改造

① 刘小玄，企业产权变革的效率分析，中国社会科学，2005（2）：4 ~ 16

需要的采伐，二是主伐收获需要的采伐，前者是最迫切的。承包户取得林地使用权后，按照森林经营方案对低产低价林进行改造的要求是合理的也是可以理解的。但这需要采伐指标。批准这种采伐指标的要求的是非常紧迫的，承包户不被允许伐除那些霸王树而造林，其长期的影响是对林地资源的浪费，即使日后政策允许改造了，由于怕影响新林幼树的生长，也无法对低价值林进行改造了，这对承包户造成的损失将是很大的。因此必须尽快批准经营改造所需的采伐限额。主伐收获需要的采伐对参加这次林改的承包户来说倒不是迫切的，但对于职工前几年营造的民有林，由于在近几年将陆续达到采伐年龄，也需要解决。

森工林业局对解决这部分采伐限额的态度是不想挤占自己的木材采伐指标而争取单列其采伐限额。实际上国家林业局在 2003 年出台了《关于采伐人工商品林采伐管理的意见》（以下简称《意见》），在该《意见》有“国家对人工商品林的年森林采伐限额和年度木材生产计划实行单列”，“按照合理经营，持续利用的原则，依法编制和实施森林经营方案的人工商品林，其年森林采伐限额根据森林经营方案确定的合理年森林采伐量制定。达到一定规模的人工商品林，其经营单位或个人可以单独编制年森林采伐限额。‘一定规模’的标准由省级林业主管部门确定”，“定向培育的工业原料用材林和在非林地上营造的人工商品林各树种的主伐年龄由林木所有者确定。一般人工用材林各树种的主伐年龄按国家有关规定执行”等规定。按照《意见》，职工前几年营造的民有林属于人工商品林，若达到一定规模可以享受到采伐的优惠政策。但是，此次林改的承包户想要改造的商品林多属于天然林，国家对起源于天然林的低产低价林在采伐限额上没有出台有利于承包户的指导意见。

解决的思路是争取国家对起源于天然林的低产低价林在采伐限额政策上比照人工商品林执行，在政策未下达之前，森工林业局让出部分采伐限额给承包户。

三、对森林分类经营区划遗留问题的处理

此次林改暴露了早些年森林分类经营在划分商品林和一般公益林中存在的问题。按照分类经营的要求，将森林划分为商品林和生态公益林，在生态公益林中又划分了一般公益林和重点公益林。问题不在重点公益林的划分上，因为重点公益林基本上是严格按照生态脆弱性和生态重要性的标准划分的，问题出在商品林和一般公益林的划分上，当初划分的随意性比较大，森工企业为谋求

生态效益补助资金（每公顷每年 65 元），将本应划为商品林的划为一般公益林了，当然也有森工企业为了谋求近期的经济效率将本应划为一般公益林的划为商品林的。此次林改对商品林的承包经营必须按照沟系集中连片区划，但连片的森林里不全是商品林，还有一般公益林，这个一般公益林没有理由留下来不参与林改，只能也承包出去。据统计，此次试点的林分中，限伐林占总面积的37.58%，禁伐林占总面积的34.80%，商品林占总面积的26.74%，其他林分占总面积的0.88%。对于那些承包了限伐林和禁伐林的承包户来说，将来其森林采伐指标的批准将会更加困难。

解决的思路是建议国家对森林分类经营进行改革，森林分类区划不能一成不变，它应该是动态的管理。必须承认当初进行的划分有粗糙的地方，现在在林权制度改革时发现了，既然发现了就应该改正。但是分类区划的标准以及商品林的比例不能随意改变，绝不能以是否承包给个人作为重新分类的标准，否则森林的生态效益将会因林改而受损。

四、承包户近期收入增加的问题

林改应该为承包户收入的增加作出贡献。承包户造林抚育待到林木成熟时通过采伐获得收入，这个前景很好，承包户的信心是有的。但那毕竟是至少一个轮伐期之后的事情，营林业的一个特点就是生产周期长，近期增收才是迫切需要解决的问题，近期可以发展林下养殖、林下种植、林下采摘等林下经济，但这也受到资金、技术等的限制。就伊春国有林区的承包户来看，其致富的出路比南方集体林区的林农要差。首先，他们多数没有农业收入或农业收入较低①。其次，附近城市的经济活力不高，吸纳就业能力不强，难以为承包户提供足够的打工机会，而去南方发达省份打工的成本高，信息不通畅也限制了其外出务工的机会。解决的思路是从资金、技术、信息等方面施以援助。

五、林地使用费收取的问题

林地使用费实质上就是林地地租，承包户将收取林地使用费政策与农民享受免收农业税政策进行对比应引起政府的重视。从理论上讲，承包户承包经营林地为获得林地的使用权而缴纳一定的地租是合理的。仅就这一点做承包户的

---

① 有些林业职工有农业收入，是由于他们有一些“耕地”，这些“耕地”是上个世纪90年代在森工林区以“开展熟化速生丰产林基地”名义取得的土地，这些土地的性质绝大多数属于林地，林业职工在这些“耕地”上有农业收入。

思想工作是不难的，但是承包户很鲜明地指出农民承包耕地，国家是不收地租的。而造林与种植作物相比，还为国家提供间接的生态效益。在这一点上，承包户想不通，林业局负责政策宣传的工作人员实际上也想不通，也解释不通，好在林地使用费可以缓缴，多数承包户想等到有经营收益时再交。不过承包林地需要缴纳地租而承包耕地不需要缴纳地租这一政策，还是需要有关政府部门重视起来，给承包林地的职工一个合情合理的解释。

建议国家给予减免一个轮伐期的林地使用费的优惠。实际上，林业本来就是弱质产业，世界有许多国家都出台了各种优惠政策以鼓励营林，国家这样做也是一种对私有林的补贴。此外，可以考虑将这种优惠与发展林业合作组织结合起来，即鼓励承包户参加林业合作组织，这样显然有利于承包户应对市场，也便于将来的规模经营，但把参加林业合作组织作为享受减免林地使用费优惠的条件之一。

六、国有林地上退耕还林不能享受钱粮补贴的政策问题

国有林地上退耕还林的含义不同于一般意义上的退耕还林。区别在于国有林地上的退耕还林，其土地原来的性质是林地，而一般意义上的退耕还林，其土地原来的性质是耕地。从耕地转为林地，国家当然要给予补贴。但从林地到林地，国家是不会给予补贴的。对以前在林地上开荒种地（速生丰产熟化林）要公正对待，可以这样说，直到目前，林业职工的农业收入仍然是其重要的一部分收入来源。对于国有林地上的退耕还林不可操之过急，应该让承包户在林业和农业的比较收益中作出选择。

七、承包户造林树种的选择与高附加值林产工业的发展相结合问题

承包户取得林地使用权后，可以自行决定造林树种。据访谈，承包户选择树种时能够遵循适地适树的原则，但适地适树不是只适合一个树种，可能适合多个树种，那如何选择？承包户当然知道要根据市场需求来进行选择。但分散的承包户的眼光毕竟有限，大多数仅考虑到原木的市场需求。即承包户仅考虑到其林木采伐后作为原木的市场价格、轮伐期及投入的成本，而没有考虑到产业链的延长，没有考虑到高附加值的人造板或纸等产品对树种的市场需求。而将造林树种与高附加值的林产工业结合起来应该是正确的出路。

解决的思路一是扶持建立生产高附加值林产品的龙头企业，将其对造林树种需求的市场信号传递给承包户，使得承包户造林树种的选择与林产工业相结

合。二是成立林业合作组织，既能快速捕捉市场信息又能降低交易成本。

第三节　政策建议

黑龙江省森工林区是我国最大的国有林区之一，这里集中连片的大面积的国有林被赋予了多重的定位或使命。对国有林经营制度特别是产权制度进行改革是很敏感的内容，极易引起关注和不同的预期，比如是否会影响国家的生态安全？是否有国有资产流失的嫌疑？因此，政府对于启动国有林权制度改革持谨慎态度是可以理解的。但是，缄默不等于谨慎。本文在深入调研的基础上，针对伊春国有林权制度改革试点过程中遇到的矛盾和问题，提出以下政策建议。

一、将国有林权制度改革作为国有林区政企分开改革的路径之一来看待

国有林区仍沿袭政企合一的管理体制，这是国有林区发展滞后的根本原因所在。国有林区若要实现森林资源消长平衡、居民生活和谐幸福的美好愿景，非改革政企合一的管理体制不可。然而究其改革方式却有直接的和间接的两种：直接的改革是一步到位而实现目标的，利在于立竿见影，弊在于经济成本和政治风险巨大；间接的改革是迂回而实现目标的，利在于经济成本可分期支付，政治风险可逐期释放，弊在于久拖不决。国有林权制度改革与国有林区政企分开改革之间不是两个割裂的事情，虽然伊春市政府并未声称通过国有林权制度改革以实现政企分开，但前者却能为后者的实现起到推波助澜的作用。

国有林权制度改革的目标之一是森工企业职工通过承包经营一定面积的森林而实现致富，这样将导致其对国有森工企业的依赖性逐渐降低。通过我们的调查，现在承包户的总收入中企业的工资仍占较大的比例，但这一比例正在下降，这是一个积极的信号，当这些承包户不再依赖森工企业的工资收入而生存时，政企分开的阻力将大为减小。当然此次国有林的承包只是面向企业职工，而企业中的干部则在“不与民争利”的要求下被排除在外。将森工企业中的干部分为无既得利益的普通管理人员和有既得利益的干部，能够有助于我们的分析。如果改革能够向纵深发展的话，林权的流转是必然会发生的，当林权发生流转时，森工企业的干部会比其他外来投资者更有机会承包林地而致富，到那时来自无既得利益的普通管理人员的阻力也将下降。剩下的就是有既得利益的干部，对他们来说，政企分开永远会有阻力的，不过那时他们已经势单力

孤，改革比较容易解决了。从这一点上来看，国有林权制度改革正是实现国有林区政企分开的路径之一，它属于那种间接的、迂回实现目标的路径。

二、林业分类经营的观念须作为政府评判此次林改的根本性理论依据之一

林业的分类经营是将现有森林分为商品林和生态公益林两类，前者以发挥经济效率为主；后者以发挥生态效益为主。国有林权制度改革中涉及的是商品林，而经营商品林是追求经济效率的，这一点必须明确。但是由于我国已经确立了生态效益优先的林业新定位，对包括此次国有林权制度改革在内的任何林业方面的改革，政府强调生态效益都是无可厚非的。但关键是要明确对生态效益要求的程度，我们认为，政府对此次国有林权制度改革中生态效益的要求应该是最基本的，即生态效益不减。政府不应指望从由私人经营的商品林上谋求创造更多的生态效益，否则分类经营就是一句空话。政府对生态效益的追求在东北、内蒙古重点国有林区实行的天然林资源保护工程和退耕还林工程等生态工程中将得以体现。但是，如果此次林改后的结果是林子遭到大面积砍伐，那么现有的生态效益将骤降，这当然是政府所绝不能容忍的。所以，政府赋予此次林改的生态效益上的要求应该是不减，即只要森林生态效益没有减少，就可以认为国家的目标得以实现。唯有如此，此次林改过程中暴露出来的各种问题以及涉及的现行政策才会有改革的理由，并尽快实施。

三、不可将此次林改演变成将来的历史遗留问题

国有林权制度改革在2006年经国务院批准在伊春市的5个林业局进行试点以来至今，几乎没有来自国务院或国家林业局的声音。显然，政府是在观望。我们认为，不论政府对国有林权制度改革采取肯定或是否定的态度，都需要加以明确。

伊春的国有林权制度改革虽然正式提出的时间不长，但是萌动孕育的时间却有近20年了，它实际上经历了职工自费造林、发展民有林、争取试点、模拟试验、试点准备等几个阶段。这期间已经形成了一些历史遗留问题，如1983年和1984年分别在桃山林业局和美溪林业局开展自费造林，由林业局提供地块苗木，个人出资出劳，3至5年自费林郁闭成林后，经伊春管理局有关部门、林业局营林部门两级验收后由林业局支付给造林者一定费用，由林业局收为国有林。但到了1998年，伊春市委、市政府提出大胆突破森林资源国有国营禁区，大力发展民有林。将过去应由林业局购回而无力购回的3067hm^2

职工自费林全部转为了民有林。这些民有林实际上就是将国有林承包给私人经营，与当前国有林权制度改革中形成的承包林没有本质上的区别，其实都可以称为私有林。但前者已是历史遗留问题，它没有得到国家层面的认可，到林木成熟时能否被允许采伐不可获知。

四、林权证问题可通过先出台文件，再修订《森林法》的办法予以解决

国有林权制度改革过程中有一个敏感性的问题就是林权证的发放。国有林权制度改革中林权证之所以不能发给承包户，据说是因为《森林法》中规定国有林区林权证只发放到森工林业局。《中华人民共和国森林法》第三条“森林资源属于国家所有，由法律规定属于集体所有的除外。国家所有的和集体所有的森林、林木和林地，个人所有的林木和使用的林地，由县级以上人民政府登记造册，发放证书，确认所有权或者使用权。国务院可以授权国务院林业主管部门，对国务院确定的国家所有的重点林区的森林、林木和林地登记造册，发放证书，并通知有关地方人民政府。”其实这一条只是说其林权证由国务院林业主管部门（国家林业局）发放。至于国有林流转后林权证的变更并没有反对，只是没有说明，因为当时没有这种情况。这一条还指明了集体林由县级以上人民政府发放林权证，也同样没有说明集体林流转后林权证的变更。但集体林权改革后，林权证就发到承包人手里了。那它的依据是什么呢？《中共中央、国务院关于全面推进集体林权制度改革的意见》（2008 年 6 月 8 日 中发［2008］10 号）中在勘界发证上有这样的规定：“明确承包关系后，要依法进行实地勘界、登记，核发全国统一式样的林权证，做到林权证登记内容齐全规范，数据准确无误，图、表、册一致，人、地、证相符。”因此，建议国家先出台类似的文件，以使林权证能够尽快发放，待日后再逐步完善森林法的修订。

五、改革的试点范围可进一步扩大，但前提是相关政策的落实

本文对国有林权改革效果的实证研究表明，改革对森林生态效益的发挥所起的作用由于改革的时间还比较短而无法显现出来，但是森林资源管护的效果却有明显改观。此外，改革对增加林区居民收入，减轻企业职工对工资性收入依赖以及企业效率的提高等方面均有贡献，基于此，我们认为改革的试点范围可进一步扩大。但是改革试点范围的扩大是有前提的，那就是诸如林权证、森林经营等政策的落实。在没有发放林权证和不允许按森林经营方案对承包的林

地进行改造等政策落实之前，我们并不赞成扩大改革的试点范围，因为那样极有可能导致将来出现更多的历史遗留问题。

六、如果改革在更大范围进行试点，绝不能突破森林分类经营的区划

据统计，此次试点的林分中，限伐林占总面积的37.58%，禁伐林占总面积的34.80%，商品林占总面积的26.74%，其他林分占总面积的0.88%。对于那些承包了限伐林和禁伐林的承包户来说，将来其森林采伐指标的批准将会遇到困难。如果说是由于早先的森林分类经营区划的不合理导致了现在的林改不得不占用生态公益林，那么仅8万hm^2的森林中就有三分之二是属于森林分类区划，这是不合理也是难以令人置信的。如果现有的森林分类确有不合理之处，不论是否进行林权制度改革都要对之进行改革，但是必须尊重森林分类经营区划的严肃性，不能不顾商品林还是公益林而将森林承包给私人经营。如果过多的生态公益林以森林分类经营区划不合理为由而承包给私人经营，并进而转变为商品林，那么就有理由怀疑生态效益不减的目标的实现。

七、支持关于改革对林区居民生计和林区市场化影响方面的学术研究

国有林权制度改革事关重大，无论政府对之是持支持还是观望的态度，只要不是反对的态度，就应该对改革进行跟踪与监测。跟踪研究的重点是关注国有林权制度改革是否有利于林区居民生计的改善，是否有利于林区的市场化进程，即是否有利于国有林区政企合一的管理体制走向政企分开的改革。

本文认为，在黑龙江省伊春市进行试点的国有林权制度改革走到了一个十字路口，它需要得到国家的认可和支持，并且这种认可和支持是一个政府负责任的表现。以上的政策建议对国有林权制度改革的顺利发展具有一定的建设性意义。

参考文献

外文文献：

[1] Banker, R. D. , Charnes, A. , Cooper, W. W. , Some models for estimating technical and scale inefficiencies in data envelopment analysis, Management Science, 1984 (30): 1078 ~ 1092

[2] Bebbington, A. , Capitals and capabilities: a framework for analyzing peasant viability, rural livelihoods and poverty, World Development, 1999, 27 (12)

[3] Bull, C. and White, A. , Global forests in transition: Challenges and opportunities, Proceedings of Global Perspective on Indigenous Forestry: Linking Communities, Commerce and Conservation, Vancouver, Canada, 2002

[4] Chambers, R. and Conway, C. , Sustainable rural livelihoods: practical concepts for the 21st century, IDS Discussion Paper 296, Brighton: Institute of Development Studies, 1992

[5] Charnes, A. , Cooper, W. W. , Rhodes, E. , Measuring the efficiency of decision making units. European Journal of Forest Research, 1978 (2)

[6] Cooper, W. W. , Seiford, L. M. , Tone, K. , Data Envelopment Analysis, Kluwer Academic Publishers, Dordrecht, The Netherlands, 2000

[7] Debreu, G. , The coefficient of resource utilization. Econometrics, 1951 (19)

[8] Diaz - Balteiro, L. , Herruzo, A. C. , Martinez, M. , An analysis of productive efficiency and innovation activity using DEA: An application to Spain' s wood - based industry, Forest Policy and Economics, 2006 (8)

[9] Ellis, F. , Rural livelihoods and diversity in developing countries, New York: Oxford University Press, 2000

[10] Ellsworth, L. , A place in the world: A review of the global debate on tenure security, New York, Ford Foundation, 2004

[11] FAO, Forest tenure in Latin American countries: An overview, Forestry Policy and Insitutions Working Paper No. 24, Rome, 2009

[12] FAO, Reforming forest tenure: issues, principles and process, FAO Forestry Paper No. 165, Rome, 2011

[13] FAO, Understanding forest tenure in South and Southeast Aisa, Forest Policy and Institutions Working Paper No. 14, Rome, 2006

[14] Farrell, M. J., The measurement of productive efficiency. Journal of the royal statistical society, Series A, 1957, 120 (3)

[15] Fisher, R., Maginnis, S., Jackson, W., Barrow, E., Jeanrenaud, S., Linking conservation and poverty reduction: Landscapes, people and power, London, Earthscan, 2008

[16] Fotiou, S., Efficiency measurement and logistics: an application of DEA in Greek sawmills. In: Sjöstrom, K. (ED.), Logistics in the Forest Sector, Proceeding of the First World Symposium on Logistics in Forest Sector, Timber Logistics Club, Helsinki, 2000

[17] Gilmour, D. A., O' Brien, N., Nurse, M., Overview of regulatory frameworks for community forestry. In N. O' Brien, S. Matthews and M. Nures, eds. Regulatory frameworks for community forestry in Asia. First Regional Community Forestry Forum, Proceedings of Regional Forum, Bangkok, 2005

[18] Koopmans, T. C., An analysis of production as an efficient combination of activities, In: T. C. Koopmans. Activity analysis of production and allocation, Wiley, New York, 1951

[19] Nyrud, A. Q., Bergsens, S., Production efficiency and size in Norwegian sawmilling, Scandinavian Journal of Forest Research, 2002 (17)

[20] Rhodes, E., An explanatory analysis of variations in performance among U. S. national parks. In: Silkman, R. (Ed.), Measuring Efficiency: An Assessment of Data Envelopment Analysis, 1986

[21] Scooner, I., Sustainable rural livelihoods: a framework for analysis, IDS Working Paper, Brighton: Institute of Development Studies, 1998

[22] Sunderlin, W., Hatcher, J., Liddle, M., From exclusion to ownership? Challenges and opportunities in advancing forest tenure reform, Washington, DC, RRI, 2008

[23] White, A. and Martin, A., Who owns the world' s forest? Forest tenure and public forests in transition, Washington, DC, Forest Trends, 2002

[24] WWF, Illegal logging in Romania. WWF European Forest Programme and Danube Carpathian Programme, 2005

[25] Yin, R., DEA: a new methodology for evaluating the performance of forest products producers, Forest Products Journal, 1998, 48 (1)

[26] Yin, R., Production efficiency and cost competitiveness of pulp producers in the Pacific Rim, Forest Products Journal, 1999, 49 (7/8)

[27] Yin, R., Alternative measurements of productive efficiency in the global bleached softwood pulp sector, Forest Science, 2000, 46 (4)

中文文献：

[28] 蔡昉、王德文、都阳等，农村发展与增加农民收入，北京：中国劳动社会保障出版社，2006

[29] 陈应发，国有林区改革模式与配套措施的探讨，林业经济，2007 (2)

[30] 崔平，林业投资效益评价——桉树与农作物比较，北京：中国林业出版社，2008

[31] 冯月琦、孙剑玥，关于黑龙江省森工林区职工贫困成因的研究，林业科技情报，2006，38 (4)

[32] 郭艳芹，集体林权制度改革绩效分析——对福建省的实证研究，北京：中国农业科学技术出版社，2008

[33] 何浩然、翁茜、徐晋涛，国有林区林产品加工企业效率分析，林业科学，2007，43 (11)

[34] 黑龙江省科学顾问委员会农业生态专家调研组，伊春国有林区林权改革试点调研报告，林业经济，2007 (9)

[35] 贯强、宛利、林阿楠等，国有林权制度改革方向明路难行，黑龙江金融，2007 (7)

[36] 江泽平、夏军，乌拉圭林业的经验与启示 [J]，世界林业研究，2004，17 (2)

[37] 姜传军，推进国有林权改革向纵深发展——翠峦林业局林改试点改革模式，林业经济，2009 (4)

[38] 赖作卿、张忠海，基于DEA方法的广东林业投入产出效率分析，林业经济问题，2008，28 (4)

[39] 雷加富，关于深化重点国有林区改革的几点思考，林业经济，2006 (8)

[40] 雷加富，深入推进伊春国有林权改革试点努力探索国有林区改革发展新路径，林业经济，2007 (9)

[41] 雷加富，关于对伊春林权制度改革试点的调查报告，载于：伊春国有林权制度改革试点指导协调小组，国有林区林权制度改革实践与探索，北京：中国林业出版社，2008

[42] 李纯厚，伊春市国有林权制度改革问题的思考——以翠峦林业局为例，今日科苑，2007 (11)

[43] 李延荣、周珂，集体林权流转和林地使用费法律问题研究，北京：中国人民大学出版社，2008

[44] 李彧挥、张巧云、姜雪梅等，集体林权制度改革的国际经验借鉴，中国人民大

学出版社，2008

[45] 李周，如何看待业内人士对林权改革的不同声音，中国林业产业，2008（5）

[46] 刘璨、于法稳，东北国有林区企业效率测算与分析——DEA 方法，产业经济评论，2006，5（1）

[47] 刘璨，社区林业制度绩效与消除贫困研究——效率分析与案例比较，北京：经济科学出版社，2005

[48] 刘宏明，试论林权概念的修正，林业经济，2006（11）

[49] 刘世佳、华景伟，伊春市国有林区林权制度改革的调查与思考，林业经济，2007（9）

[50] 刘小玄，企业产权变革的效率分析，中国社会科学，2005（2）

[51] 卢现祥，西方新制度经济学，北京：中国发展出版社，2003

[52] 彭伟、张旭、于新文、杨彦臣，桉树项目决策支持系统中一种经济分析指数的研究 [J]，北京林业大学学报，2010，32（2）

[53] 万志芳，重塑国有森工企业政企关系的对策研究，世界林业研究，2004，17（3）

[54] 王毅昌、蒋敏元，东北、内蒙古重点国有林区管理体制改革探求，林业科学，2005，41（5）

[55] 王永清，国有林区可持续发展管理体制的调整和重构研究，林业科学，2003，39（4）

[56] 王月华、谷振宾，当前国有林区改革模式对比与评价，林业经济，2010（12）

[57] 王月华，对东北国有林区改革与发展的若干思考，林业经济，2006（1）

[58] 温铁军，国有林区改革的困境和出路，林业经济，2007（9）

[59] 吴晓松，国有林区改革方向与模式研究，林业经济，2009（10）

[60] 向志民、何敏，灰色多层次综合评判方法及其在林业系统中的应用，林业科技，1998，23（4）

[61] 徐济德，关于伊春国有林权制度改革试点第三次省联席会议落实情况的调研报告，载于：伊春国有林权制度改革试点指导协调小组，国有林区林权制度改革实践与探索，北京：中国林业出版社，2008

[62] 徐晋涛、姜雪梅、季永杰，重点国有林区改革与发展趋势的实证分析，林业经济，2006（1）

[63] 许兆君，积极稳妥推进国有林权制度改革从根本上激发林区发展动力，林业经济，2007（9）

[64] 伊春市政府国有林业产权制度改革研究课题组，乌马河林业局实施林权制度改革的调查，林业经济，2007（9）

[65] 于长辉、姜宏伟，关于完善黑龙江省森工管理体制问题的探讨，林业经济，2006（1）

[66] 于晓光、胡继平，关于黑龙江省国有森工林区营造“民有林”的探讨，中南林

业调查规划，2007，26（2）

［67］袁庆明，新制度经济学，北京：中国发展出版社，2005

［68］詹黎锋、朱少洪、张兰花，造林投资经济效率测算分析，福建林业科技，2010，37（2）

［69］张道卫，对东北国有林区森林资源产权及其改革的调查与思考，林业经济，2006（1）

［70］张君，国有森工林区发展民有林的思考，林业勘察设计，2005（2）

［71］张蕾、戴广翠、陈学群，伊春林权制度改革试点百户职工调查实证分析，林业经济，2007（9）

［72］张学勤，东北内蒙古国有林区改革实践研究与探讨，林业经济，2010（6）

［73］张於倩、冯月琦、李尔彬，黑龙江省森工林区贫困问题研究，林业经济问题，2008，28（4）

［74］张志达、赵新泉、赵鹏，国有林区战略转型中的管理体制改革——大兴安岭十八站林业局综合改革试点调研报告，林业经济，2010（2）

［75］张志达，关于国有林区改革进程及构建新体制的思考，林业经济，2009（12）

［76］朱永杰，管理体制改革是国有重点林区发展的基础，林业经济，2010（10）

附　录

职工参与国有林权改革影响因素调查问卷

为了解伊春市国有林权制度改革的基本状况，我们希望了解普通职工对此次林权改革的看法。

您的回答对我们的调查非常重要，希望得到您的支持，谢谢！

1. 林权改革政策部分

Q1. 您是否参加了林权改革：□ 没有参加 □参加

Q2. 对林权改革的认识：□不了解 □有点了解 □较了解 □很了解

Q3. 对承包林的预期收益：□不好 □一般 □很好

Q4. 您认为此次林改宣传状况：□不到位 □到位

Q5. 您认为林权证的发放：□不合理 □合理

Q6. 您认为森林经营方案中关于低价值林改造：□不合理 □合理

Q7. 您认为采伐限额政策：□不合理 □合理

Q8. 您认为收取林地使用费：□不合理 □合理

Q9. 您认为缓交林地使用费：□不合理 □合理

Q10. 林业局为职工借款：□没必要 □有必要

2. 承包林地部分

Q11. 承包地面积：□10 公顷以下 □10 ~ 20 公顷 □20 公顷以上

Q12. 承包地距家的距离：□5 公里以内 □5 ~ 10 公里 □10 ~ 20 公里□20 公里以上

3. 个人资料部分

Q13. 年龄：________性别：□男□女 家庭成员：________人

Q14. 文化程度：□小学及以下 □初中 □高中 □大中专及以上

Q15. 您的家庭月收入是：□ 600 元以下 □600 ~ 1000 元 □1000 ~ 2000 元 □2000 ~ 3000 元 □3000 ~ 5000 元 □5000 元以上

Q16. 您是否打过工：□否 □是

Q17. 您现在是否还有兼业：□无兼业 □有一项兼业 □有两项兼业 □有三项及以上兼业

4. 投入与收入部分

Q18. 您承包经营林地总的应交费用是：________元，其中林地使用费________元；购买林木费用________元。您一次性交了________元，以前所欠工资抵消________元，林业局给您的借款________元，其他形式________元。

Q19. 您承包经营林地后是否又为经营林地及造林抚育进行了投入：□否 □是

如果您进行了投入，那么 2006 年投入了________元，2007 年投入了________元。

Q20. 您承包经营林地后是否为发展林下经济进行了投入：□否 □是

如果您进行了投入，那么 2006 年投入了 ________元，2007 年投入了________元。

Q21. 您的家庭年收入及结构

2005 年：总收入________元，其中，林业局的工资________元；打工________元；林下经济收入________元；其他家庭经营收入________元；其他收入 ________元。

2006 年：总收入________元，其中，林业局的工资________元；打工________元；林下经济收入________元；其他家庭经营收入________元；其他收入________元。

2007 年：总收入________元，其中，林业局的工资________元；打工________元；林下经济收入________元；其他家庭经营收入________元；其他收入________元。

所在林业局____________________所在林场____________________

调查员：　　　　调查时间：　　　　调查地点：

森工林业局多种经营调查问卷

表 1　林业局多种经营调查总表

行业		
养殖业	户数（户）	
	从业人员（人）	
	收入（万元）	
种植业	户数（户）	
	从业人员（人）	
	收入（万元）	
采集业	户数（户）	
	从业人员（人）	
	收入（万元）	

表 2　养殖业分户调查表

户 1	产品及产量（头）	
	收入（万元）	
	占用的土地类型	A：自家庭院 B：坡度小于 5°的林地 C：坡度大于 5°的林地 D：耕地
	占用的土地面积（hm^2）	
户 2	产量（头）	
	收入（万元）	
	占用的土地类型	
	占用的土地面积（hm^2）	
户 3	产量（头）	
	收入（万元）	
	占用的土地类型	
	占用的土地面积（hm^2）	

续表

户 4	产量（头）	
	收入（万元）	
	占用的土地类型	
	占用的土地面积（hm^2）	
户 5	产量（头）	
	收入（万元）	
	占用的土地类型	
	占用的土地面积（hm^2）	
户 6	产量（头）	
	收入（万元）	
	占用的土地类型	
	占用的土地面积（hm^2）	

注：此表不够可手工增加或将多表合并。举例：产品及产量可以这样填：猪 5 头。

表 3　种植业分户调查表

户 1	产品及产量（单位）	
	收入（万元）	
	占用的土地类型	A：自家庭院 B：坡度小于 5°的林地 C：坡度大于 5°的林地 D：耕地
	占用的土地面积（hm^2）	
户 2	产品及产量（单位）	
	收入（万元）	
	占用的土地类型	
	占用的土地面积（hm^2）	
户 3	产品及产量（单位）	
	收入（万元）	
	占用的土地类型	
	占用的土地面积（hm^2）	

续表

户 4	产品及产量（单位）	
	收入（万元）	
	占用的土地类型	
	占用的土地面积（hm^2）	
户 5	产品及产量（单位）	
	收入（万元）	
	占用的土地类型	
	占用的土地面积（hm^2）	
户 6	产品及产量（单位）	
	收入（万元）	
	占用的土地类型	
	占用的土地面积（hm^2）	
户 7	产品及产量（单位）	
	收入（万元）	
	占用的土地类型	
	占用的土地面积（hm^2）	
户 8	产品及产量（单位）	
	收入（万元）	
	占用的土地类型	
	占用的土地面积（hm^2）	
户 9	产品及产量（单位）	
	收入（万元）	
	占用的土地类型	
	占用的土地面积（hm^2）	

注：此表不够可手工增加或将多表合并。举例：产品及产量可以这样填：木耳 1 万袋。

表4 采集业分户调查表

户1	产品及产量（单位）	
	收入（万元）	
户2	产品及产量（单位）	
	收入（万元）	
户3	产品及产量（单位）	
	收入（万元）	
户4	产品及产量（单位）	
	收入（万元）	
户5	产品及产量（单位）	
	收入（万元）	
户6	产品及产量（单位）	
	收入（万元）	
户7	产品及产量（单位）	
	收入（万元）	
户8	产品及产量（单位）	
	收入（万元）	
户9	产品及产量（单位）	
	收入（万元）	

注：此表不够可手工增加或将多表合并。举例：产品及产量可以这样填：蕨菜1吨。

林场林权制度改革综合调研提纲

一、林场自然状况

林场位于________，施业区总面积为________公顷，其中有林地面积________公顷，无林地面积________公顷，活立木蓄积________立方米，森林覆被率________。

所辖________个自然村，人口为________人，居民________户，职工________人，退休职工________人，低保户________户，遗属________人，土地面积________亩，其中水田________亩。

二、流转工作完成情况

流转面积：________公顷，共________个小班，________户参加了承包，承包期限________年。

一次性付款________户，________个小班，________公顷；

分期付款________户，________个小班，________公顷；

借款90% ________户，________个小班，________公顷；

全部借款________户，________个小班，________公顷。

三、建立健全组织机构

为了配合林改，林场成立了哪些服务公司或联防组织机构。这些组织机构的经费每年有多少，是林业局出还是流转户交？

四、发展林下经济

1. 黑木耳

2006 年度 林冠下培育黑木耳________户________万袋

2007 年度 林冠下培育黑木耳________户________万袋

2008 年度 林冠下培育黑木耳________户________万袋

2. 林下参（人参种植）________户________亩

3. 林下五味子栽培或改培________户________亩

4. 林下刺五茄栽培________户________亩

5. 林冠下培育绿化树________户________亩

6. 养蛙________户________万只

7. 其他项目 1 ________户________亩

8. 其他项目 2 ________户________亩

9. 其他项目 3 ________户________亩

五、森林经营情况

1. 更新造林：________亩，其中 2006 年造林________亩，2007 年造林________亩，________2008 年造林________亩

2. 森林抚育：________亩

其中，割灌：________亩

打技：________亩

为了发展林下经济，扩大承包后续经营，林场服务公司为经营户申请贷款（或借款），贷款共计________万元，切实为承包户解决实际困难。

为发展林下经济林场服务公司成立________个协会，分别是：________

六、需要解决的问题

1. 尽早发放林权证。

林权证办理到什么程度了？

2. 尽快建立活立木林流转市场。

活立木市场能给流转户带来哪些好处？当前的问题出在哪里？

3. 尽早出台林木经营采伐管理办法，并且每年给一定量采伐限额。

目前林业局是否给一部分采伐指标用于抚育伐？到什么程度？

4. 林改的目的是让林业职工富起来，让利于职工群众，国家在制定各种收费和税收方面政策需要让利于职工群众。

林改户要支付哪些收费和税收？是否合理？

5. 建立保障机制。

国家要建立林木各种自然灾害（火灾、水灾、风灾、病虫鼠害）的保险。

林改户能接受的森林保险是什么样的一种形式？

6. 应简化各项经营管理手续。

目前经营管理手续都有什么？是否繁琐？如何简化？